Niños Adultos

Los secretos de las familias disfuncionales

John C. Friel, Ph.D

y

Linda D. Olund Friel, M.A.

Biblioteca del Congreso de E.U.A.
Datos en el Catálogo de Libros próximos a publicarse

© 1988, 2010, 2023 John C. Friel y Linda D. Olund Friel

ISBN : 979-8-9881757-0-4 (print)
979-8-9881757-1-1 (ePub)
979-8-9881757-2-8 (Kindle epub)

Dedicación

Dedicamos este libro a nuestro sistema familiar: A nuestros padres Elden y Alice Friel y Lloyd y Phyllis Olund, a nuestros hermanos y hermanas Bill y Nancy McIntyre, Rich Friel, Steve y Margo Bateson, a nuestras sobrinas y sobrinos Brian McIntyre (y esposa Robyn, y niños Scarlett, Andersen y Roark) y Carrie McIntyre Friedrich (y marido Holger, y niños Dylan y Quinn), John Michael, Mark y Mary Friel, nuestros hijos Kristin, Rebecca y David, y nuestros nietos Marin Durkee-Friel, Carter y Blaise Garcia, Chris, Connor, y Madeline Siegersma, deseando que sus vidas sean plenas, cálidas y verdaderas.

Reconocimientos

Agradecemos a todos nuestros amigos, mentores y colegas que han participado y contribuido a nuestro desarrollo profesional y recuperación personal: Dearbhla Molloy, Sean y Kate Murray, James Maddock y Noel Larson, Bill Doherty, David Schnarch, Sierra Stetson, Steve Graybar, Judy Phoenix, Frances Spikes, Robert Subby, Lawrence Murphy, Robert Milligan, John Nesselroade, John Cone, Charlie Olsen, Walt Ayotte, Diane Naas, Hector E. Garcia, John Nolan, Arlene Katchmark, Mary Pietrini, Lyndel Brennan, Lynda Winter, Stan Huff, Ken Adams, Bruce Smoller, Virginia Leone y Peter Charad.

Agradecimientos Especiales

Particularmente le agradecemos a Arlene Katchmark su incansable contribución a la preparación de este manuscrito.

Índice

Prefacio

Los autores empezaron su manuscrito *"Niños Adultos: Los secretos de las familias disfuncionales"* en 1985 y el libro fue publicado
por Health Communications, Inc. en febrero de 1988. A partir de
entonces, los autores han publicado otros 8 libros traducidos a 12
idiomas, el total de los cuales ha vendido más de 500,000 copias.

Este libro aún vende más copias que los otros 8. El libro sido
reconocido por muchos profesionistas y miembros del público en
general como uno de los mejores cebadores en temas de adicciones,
sistemas familiares, reglas y roles familiares, sentimientos, límites,
abuso y codependencia.

A partir de la fecha de publicación de este libro, los campos de
psicología y adicción han evolucionado; también han evolucionado
los enfoques que usan los autores en el trabajo con sus clientes.
Los investigadores continuan descubriendo correlaciones genéticas
sobre varias adicciones y diagnósticos sobre salud mental, tales como
depresión, ansiedad y trastornos de personalidad.

Al mismo tiempo, mucha de la investigación neurociencientífica
en trauma infantil, enfocada a la importancia de los sentimientos y
las conexiones emocionales en el desarrollo cerebral y el bienestar
psicológico, así como sobre las consecuencias de la disfunción familiar durante la niñez en síntomas y trastornos físicos y emocionales
posteriores, han apoyado las teorías expresadas en este libro. Los

descubrimientos de alto nivel del estudio "ACE" o "Adverse Child-hood Experiences" (Experiencias Adversas en la Niñez) son un buen ejemplo; también son buenos ejemplos la investigación y el desarrollo de teorías de Stephen Porges a través de varias décadas que culminaron en su "Polyvagal Theory of Emotion" (teoría polivagal de la emoción).

Los grupos de terapia de hombres y los de mujeres que continúan ofreciendo los autores y su clínica "ClearLife Clinic" de 3 días y medio (conferencia y proceso de terapia para grupos pequeños) demuestran el gran valor que han asignado siempre a la importancia de las conexiones interpersonales y familiares, con sentido comunitario, en la salud de los seres humanos.

Por una parte, los autores abogan por los grupos de 12 pasos para la recuperación de las personas con diversas adicciones y codependencias. Por otra, saben que las terapias cognitivas de comportamiento ("CBT"), dentro de las cuales hay ahora muchas ramas, pueden tener éxito en el tratamiento de adicciones. Entre estas últimas, están algunas porciones de la terapia dialéctica del comportamiento ("DBT"), las intervenciones en la adicción a las drogas, las terapias familiares y matrimoniales, la psicoterapia sensoriomotora ("Sensorimotor Psychotherapy"), la desensibilización del movimiento de los ojos y reprocesamiento ("EMDR") y varias otras.

Reconocimientos

Amelia Den Hartog, consejera en Omaha, Nebraska, E.U.A. y originaria de Colombia, se comunicó con nosotros a principios de 2020 para saber si había una publicación de este libro en español. Le preguntamos a nuestra editorial y nos sorprendió el descubrir que este libro no se encontraba entre aquellos de nuestros libros que habían sido traducidos al español.

En julio de 2021, Christian Blonshine, vicepresidente de la editorial Health Communications, Inc. que publicó originalmente la version en inglés, nos informó que nos concedía los derechos a la version en español de este libro.

Les agradecemos a la Sra. Den Hartog todo el arduo trabajo que ha llevado a cabo para traducir este libro al español. También le damos las gracias a la Sra. Rosa Isabel Ojeda Martinez de Armenia, Quinidio, Colombia por traducir el libro al español y a "Word & Deeds, Inc." en Edina, Minnesota, E.U.A. por revisar y corregir la traducción.

Les damos las gracias a miles de clientes, con los que hemos trabajado desde 1981, por compartir sus vidas, sus luchas y sus victorias con nosotros y por tenernos la confianza necesaria para ayudarlos lo mejor posible.

Finalmente, les agradecemos a nuestros padres, madres, abuelas y abuelos, tías y tíos, hermanas y hermanos, hijos y nietos, así como a nuestros queridos amigos y colegas por ser parte tan importante de nuestras vidas y por brindarnos tanto entendimiento sobre cómo funcionan los sistemas humanos.

¡Gracias a todos y cada uno de ustedes!

——John y Linda Friel
Minneapolis y St. Paul, Minnesota y Reno y Tahoe,
Nevada, E.U.A.
marzo de 2023

Niños
Adultos

Parte I
Niños Adultos

Sus habitantes son, como dijo una vez el hombre, "prostitutas, proxenetas, apostadores y bastardos," con quienes se refería a todo el mundo. Si el hombre hubiera mirado a través de otra mirilla, él hubiera podido haber dicho que sus habitantes son "santos, ángeles, mártires y hombres santos" y habría querido decir lo mismo...

*...del libro "**Cannery Row**"*
escrito por John Steinbeck

Capítulo 1

Introducción

En julio de 1985, miles de personas de todo el mundo llegaron a Montreal, Canadá para celebrar el quincuagésimo aniversario de la organización internacional quizás más exitosa que existe en el mundo. Esta organización, que no tiene liderazgo formal ni afiliaciones políticas de ninguna clase, fue fundada por dos "fracasados," y ha crecido hasta convertirse en el organismo más exitoso de ese tipo en la historia. No acepta apoyo financiero externo de ninguna entidad o corporación y nunca lo ha hecho. Sin embargo, tiene una membresía de millones de personas ubicadas en más de 135 países. No hace ningún tipo de publicidad formal. No tiene personal de mercadotecnia ni les permite a sus miembros utilizar su nombre para realizar publicidad personal de ninguna clase.

De hecho, todos sus miembros deben permanecer en el anonimato para fines prácticos. Uno de los representantes de esta organización dijo lo siguiente sobre este tema, "Nuestra política de relaciones públicas se basa en la atracción más que en la publicidad." Debemos siempre mantener el anonimato de las personas ante la prensa, la radio y el cine. El anonimato es el fundamento espiritual de todas nuestras tradiciones, recordándonos siempre que debemos colocar los principios antes que las personalidades"[1]. Esta organización, exi-

---

[1] Estas son las Tradiciones 11 y 12 de Alcohólicos Anónimos, reimpresas con permiso de *Alcoholics Anonymous World Services, Inc.*

tosa a nivel mundial, como usted supone, es Alcohólicos Anónimos (A.A.).

La historia de A.A. es un estudio fascinante para cualquier persona que esté interesada en organizaciones sociales o movimientos exitosos, independientemente de si cree o no en la filosofía de A.A. A pesar de los cambios culturales que ocurren a gran velocidad y que hemos experimentado desde el año 1935, A.A. ha logrado sobrevivir y crecer. Ha capeado los buenos tiempos de la década de 1950, la agitación de la década de 1960, la revolución sexual de la década de1970 y la nueva generación con enfoque sobre el "yo" de la década de 1980. De hecho, al igual que las células que luchan contra el cáncer en el cuerpo humano, esta organización está comenzando a propagarse aún más, y además está cambiando de forma.

Los "12 Pasos" originales de A.A. han sido modificados ligeramente para adaptarlos a muchos otros estilos de vida disfuncionales. Existen los Apostadores Anónimos, Narcóticos Anónimos, Cocainómanos Anónimos, Comedores Excesivos Anónimos, Bulímicos Anónimos, Gastadores Anónimos, Padres Anónimos (para abusadores de menores en recuperación), Fumadores Anónimos, Adictos al Trabajo Anónimos, Deudores Anónimos, Fundamentalistas Anónimos (para personas que intentan liberarse de orientaciones religiosas destructivas), Codependientes Anónimos y Niños Adultos Anónimos (para Niños Adultos de Familias Disfuncionales).

¿Son estas solo modas pasajeras? ¿Está A.A. de moda hoy en día debido a toda la concientización que tenemos sobre la farmacodependencia? ¿Se extinguirá a medida que encontremos nuevas formas de tratar los problemas emocionales y de comportamiento usando medicamentos o modificando comportamientos?

No lo creemos. Existe el dicho en A.A: "Si funciona, no lo cambies." Cincuenta años de éxito es un historial difícil de cuestionar. No lo creemos, porque estos grupos, y los programas que han sido basados en ellos, están satisfaciendo una necesidad humana fundamental que tienen todos los estadounidenses, la de tener una intimidad saludable. La necesidad de tener un lugar en donde uno pueda hablar, compartir lo que uno es, escuchar, aprender de los demás y luego simplemente, irse sin compromiso alguno; sin política, sin obligaciones, sin nadie que le diga, "Bueno, yo te di esto, ahora me debes eso."

Los grupos de 12 Pasos de A.A. o cualquier otro grupo de "12 Pasos" hacen algunas cosas bastante bien. Ofrecen, sin exigir nada, un programa de vida simple que, a largo plazo, nos ayuda a corregir modos de vida dolorosos y de locura que aprendimos en este mundo a medida que crecíamos en nuestras propias familias... modos de vivir dolorosos que nuestros padres aprendieron de sus padres; y ellos de los suyos.

En el quincuagésimo aniversario de A.A., encontramos una nueva organización que está prosperando por sí sola a nivel nacional. La asociación denominada *"National Association of Children of Alcoholics"* (Asociación Nacional de Hijos de Alcohólicos) junto con los grupos de "12 Pasos" denominados *"Adult Children of Alcoholics"* (Niños Adultos de Alcohólicos), que están basados en los "12 Pasos" originales de A.A., se enfocan en llevar esperanza y ayuda a niños *y a* adultos que han crecido en hogares de alcohólicos o en otros sistemas familiares farmacodependientes, los cuales están creciendo a un ritmo astronómico.

También encontramos que uno de los *best sellers* del año 1985 fue el libro titulado *"The Courage to Change"* (La Valentía para Cambiar) escrito por Dennis Wholey, el cual contiene relatos en primera persona de famosos que cuentan las luchas que han tenido para recuperarse de los estragos de la farmacodependencia. Artículos populares publicados en periódicos y revistas parecen centrarse en la farmacodependencia y en las dinámicas de los sistemas familiares que acompañan a la dependencia disfuncional y malsana en general. El libro está dedicado a este último tema.

Es así como una cantidad innumerable de profesionales de nuestro campo están por fin empezando a reconocer que, en una familia, no solo el alcohólico o adicto a la cocaína tiene un problema. Aún si no hay farmacodependencia en la familia, ésta puede operar en general como una familia alcohólica, si las normas que rigen el sistema familiar son las mismas. En otras palabras, no solo los Niños Adultos de Alcohólicos (AcoAs), pueden beneficiarse de los grupos de "12 Pasos." Los Niños Adultos de Familias Disfuncionales (*Niños Adultos*) también pueden hacerlo.

Este libro fue escrito para, sobre y por *Niños Adultos* de Familias Disfuncionales. Fue escrito para un gran número de clientes con quienes hemos trabajado a lo largo de los años y quienes nos preguntan: "¿No hay nada escrito sobre estas cosas, explicadas en la forma como ustedes lo hacen?"

Ha sido escrito para ayudarnos a los que estamos en recuperación a recordar de qué se trata y por qué la recuperación es un *proceso* en lugar de un evento. También para los que todavía estamos en la oscuridad como los escépticos o, tal vez, los enojados o simplemente perdidos, que buscan alguna pista para entender por qué nos sentimos de esa manera.

Fue escrito, ante todo, para arrojar al menos un destello de luz sobre las dinámicas familiares que nos llevan a muchos de nosotros a una adultez de adicción, depresión, compulsión, dependencia perjudicial, trastornos de estrés, relaciones insatisfactorias y vidas de silenciosa desesperación.

Capítulo 2

Dos historias

La familia "sutil"

Frank Davis, de 35 años de edad, es un ejecutivo de una gran empresa electrónica ubicada en California. Obtuvo una licenciatura en Ciencias de la Computación de la Universidad de California (University of California), trabajó como analista de sistemas durante cinco años y luego regresó a la universidad para obtener una maestría en Administración de Empresas. Poco después de conseguir su primer trabajo con su empleador actual, conoció a Tina, quién también era estudiante de Administración de Empresas y compartía muchos de los intereses de Frank.

Contrajeron matrimonio una vez terminaron su programa de maestría. Tres años más tarde tenían dos hijos pequeños y uno en camino. Tina había decidido aplazar su carrera para quedarse en casa y criar una familia y la carrera de Frank despegaba como un cohete. Él y Tina tenían toda la parafernalia de una exitosa pareja joven: una casa en el Condado de Marin, una para veranear en el Lago Tahoe, dos autos BMW y una membresía en un exclusivo club campestre. Asistían a la iglesia regularmente y participaban activamente en la comunidad. Todos la consideraban como la pareja perfecta.

La infancia de Frank transcurrió aparentemente tranquila y sin mayores contratiempos. Fue el tercero de cinco hijos. Nació cuando la carrera de su padre como cirujano comenzaba a despegar. Frank tuvo un alto rendimiento en la escuela y parecía tener aptitudes particulares en las matemáticas, lo que complacía a sus padres. Participaba activamente en los deportes, era atractivo y popular entre sus compañeros de clase. La madre de Frank era la esposa perfecta de un cirujano; hermosa, serena, encantadora y una columna de la comunidad por derecho propio. Aunque tenían ama de llaves, su madre no era ociosa. Dirigía tropas de Boy Scouts y Girl Scouts, era voluntaria del hospital y pertenecía, junto con su esposo, a un grupo de estudio bíblico de su iglesia. Era una familia exitosa, devota y muy conocida dentro de la comunidad. Frank estaba orgulloso de ser parte de ella. Sabía que su éxito coincidía con la tradición familiar de alcanzar la excelencia.

El padre de Frank podría describirse mejor como una persona "estable." Era un hombre equilibrado, convencional y, como muchos cirujanos, perfeccionista. A veces, la madre de Frank se reía de lo "predecible" que era. Bromeaba diciendo que ella podía deshacerse de todos los relojes de la casa y simplemente adivinar la hora por la regularidad con que él hacía las cosas cuando estaba en casa. Se consideraban a sí mismos como una familia amorosa, aunque no abiertamente cariñosa, debido a su herencia noruega por parte de las familias de sus progenitores. Pero eso no importaba. Ellos sabían que se amaban, y el hecho de saberlo era suficiente, decían ellos.

Frank experimentó un éxito académico tras otro durante el bachillerato y la universidad. Con cada éxito vinieron más elogios y adulaciones de parte de la familia. "Eres un Davis, sin duda alguna," decía su padre con orgullo después de cada nuevo logro. Cuando conoció a Tina, Frank ya estaba establecido en el mundo laboral y se sentía en condiciones de continuar con las tradiciones familiares en su propia familia. Tina estaba orgullosa de ser parte de ella y vivía de los elogios que recibía cuando nacía cada uno de sus tres hijos. A la edad de 33 años, con seis de matrimonio a su favor, y con su esposa y bebés a salvo en el nido de su hogar, la vida de Frank Davis comenzó a cambiar.

Los cambios fueron muy sutiles al principio. Él y Tina los atribuían a la "crisis de la treintena" sobre la cual habían estado leyendo en libros y revistas populares. Después de todo, sus vidas habían sido un torbellino de éxitos y actividades casi desde el día en que se casaron. Pero los cambios llegaron de todos modos, y no se fueron.

Para Frank, todo comenzó con una sensación ocasional y punzante en la boca del estómago mientras conducía al trabajo y su mente zumbaba con ideas para el nuevo proyecto que estaba dirigiendo. Con la misma rapidez, descartaba el sentimiento de remordimiento y se lanzaba al proyecto con vigor renovado. La emoción del éxito sobreponía las pequeñas dudas y temores persistentes que ocasionalmente sentía en su conciencia. Al final del día, compartía una comida tranquila con Tina, repasaba sus planes de trabajo del día siguiente, y luego se duchaba y dormía acurrucado en los amorosos brazos de su amada esposa.

Este patrón continuó durante varios meses: la molesta sensación punzante seguida de la emoción del proyecto y por noches tranquilas con Tina. Sus fines de semana generalmente estaban copados con reuniones sociales y viajes al lago con los hijos. Pero los sentimientos no desaparecían y comenzaron a perseguir a Frank. Sus sueños se volvieron perturbadores y él algo distraído. Luego empezó a irritarse leve y esporádicamente, lo que realmente lo asustó. Ningún Davis que se precie deja que las pequeñas cosas lo irriten y, mucho menos, que tenga pequeños sentimientos punzantes.

Durante este período inicial, Tina mantuvo el papel de la esposa comprensiva y tolerante. Administraba la casa, se mantenía involucrada en la comunidad, actuaba como la encantadora anfitriona y cuidaba a Frank en las noches. Pero con el tiempo, lo que fuera que estuviera afectando a Frank, finalmente comenzó a afectarle también a ella.

Aunque Frank no pudo conocer la fuente de su ansiedad, Tina sí. El hecho de haberlo identificado la asustó aún más. Durante meses había alejado sus sentimientos, hasta que no pudo más. Lo que estaba sintiendo hacia Frank era resentimiento, pero ella se decía a sí misma una y otra y otra vez, ¡eso es impensable! Y debido a eso, a que era

impensable porque su matrimonio, tal como ella lo veía, era perfecto y todo lo que siempre había querido alcanzar, Tina entró en una trampa más profunda con Frank y

estaban cada vez más cerca del centro de la misma, en donde juntos pisarían el mecanismo que iba a disparar las fauces de la trampa que tenían alrededor de sus vidas y estaban profundamente entrelazadas.

Entonces ella siguió el ejemplo de Frank y se dedicó a realizar actividades comunitarias, paseos y proyectos con los hijos y todos sus amigos. Recibía elogios tras elogios de amigos y líderes comunitarios. Fue elegida miembro de las juntas y comités locales. Su vida se convirtió en un vertiginoso torbellino de éxito después de su maravilloso triunfo como madre, amiga y líder innovadora de la comunidad.

Por último, su hijo mayor, Jason, entró en la trampa con ellos. A la edad de siete años comenzó a tener problemas en la escuela. Era brillante y tanto él como los maestros lo sabían, pero el niño comenzó a olvidarse de llevar a casa sus tareas escolares para que su madre las viera. Empezó a amedrentar a sus compañeros y a portarse mal en clase. Hizo muchas cosas para llamar la atención, pero muy pocas de ellas fueron constructivas.

Cuando los de la escuela finalmente contactaron a Tina, ella reaccionó con frialdad y calma, afirmando que su hijo debería estar actuando de esa manera por causa de la insensibilidad de los maestros. Pocos días después, su madre transfirió a Jason a una escuela privada, financiada en gran parte por la empresa de Frank, y las cosas parecían estar bajo control.

En algún lugar dentro de su complejo cerebro, una pequeña voz apacible trataba de hablarle a Tina. Era la voz de una pequeña niña; una voz inocente y espontánea. Era clara y brillante como un diamante, pero muy débil. Le decía una y otra vez, "Algo anda mal, Tina. Algo anda mal."

A medida que sus amigos, familiares y colegas de la comunidad elogiaban en voz alta sus logros, esta pequeña voz interna se hacía cada vez más y más fuerte en su interior. Esto creó una batalla interna que finalmente estalló un jueves por la noche, mientras ella y los tres hijos estaban sentados cenando en silencio.

Frank entró por la puerta principal, lleno de entusiasmo por el nuevo contrato que había conseguido, justo cuando Jason tumbaba abrupta y ruidosamente un vaso de leche mientras se lanzaba a golpear a su pequeña hermana en el hombro. Por una fracción de segundos, se quedaron en un estado de asombro. Los ojos de Tina se congelaron como en estado de shock; luego se lanzaron instantáneamente a ver a Jason y la leche derramada; y finalmente descansaron en un resplandor helado, fijo y penetrante, sobre Frank. Sus manos y su rostro se sonrojaron de calor, mientras explotaba un estallido de furia primitiva dentro de ella.

Todas las miradas se fijaron en Tina a medida que saltaba, se ponía de pie, recogía su plato lleno de comida y se lo arrojaba a Frank, rozando su frente y salpicando una mezcla. de espárragos y salsa holandesa sobre su traje y el vestíbulo que se encontraba detrás de él. Ella luego gritó con una rabia que no sabía si alguna persona la pudiera tener igual, diciendo: "¡Nunca vuelvas a entrar a esta casa con esa estúpida sonrisa en tu rostro!" Durante otra fracción de segundos, hubo un silencio total. Luego ella simplemente se acurrucó en el piso del comedor y comenzó a llorar con sollozos profundos y desgarradores que surgían del mismo lugar de donde la pequeña niña le hablaba y resonaba siniestramente en las noches. Tina yació allí, sollozando y sollozando durante un tiempo que le pareció ser una eternidad. Luego, en silencio, subió las escaleras hacia su cuarto, cerró la puerta y la aseguró.

Los niños comenzaron a llorar de miedo e impotencia. Era la primera vez que veían a uno de sus padres, hacer algo más que el grito ocasional que todos los padres se hacen el uno al otro. Frank, simplemente se quedó allí en el vestíbulo en estado de shock e incredulidad absoluta. La trampa se había disparado alrededor de todos ellos meses antes, aunque solo ahora podían todos tocar el dolor. El dolor ahora era real. Podían olerlo, probarlo, verlo y respirarlo. Este iba a ser el principio o el final y ninguno de ellos sabía, cuál de los dos, iba a ser.

Frank trató de calmar a los niños de la mejor forma que sabía hacerlo. Luego trató de entrar al dormitorio para hablar con Tina, pero la puerta permaneció asegurada el resto de la noche. "Por favor, vete," ella gemía cada vez que él intentaba entrar al dormitorio. Él durmió en el sofá de la sala esa noche, despertando varias veces con un nudo en la boca del estómago.

Tina bajó por la mañana y preparó el desayuno de Frank y los niños. No hablaron en absoluto durante el desayuno y solo se oía el ruidoso movimiento de los cubiertos sobre la vajilla. Frank se fue a trabajar aturdido, cansado y sintiéndose perdido. Los niños fueron a la escuela con un dolor de estómago que les duró todo el día.

Tina lloró la mayor parte de la mañana, sola y confundida. La niña dentro de ella se había convertido en un monstruo y ella no sabía qué hacer con él. En puro pánico y desesperación, tomó la guía telefónica y encontró el nombre de una psicoterapeuta. Pasó la mayor parte de la tarde luchando consigo misma sobre si llamar o no. Pero a medida que se acercaba la hora en que terminaban las clases de la escuela, levantó el teléfono y marcó el número.

"No sé qué me está pasando," le dijo Tina a Frank y a los niños esa noche, "pero voy a buscar ayuda para averiguarlo. Hay algo terriblemente mal en mí y no puedo vivir más de esta manera."

Hay innumerables explicaciones de escuelas de psicoterapia y teorías sobre la razón por la cual los seres humanos se enloquecen aparentemente "sin razón" y el diagnóstico formal que la psicóloga de Tina escribió en el formulario del seguro para reembolso lo tomó directamente del *Diagnostic and Statistical Manual of the American Psychiatric Association* (Manual de Diagnósticos y Estadísticas de la Asociación Estadounidense de Psiquiatría) (DSM-III); pero la breve nota que ella garabateó en el formulario de admisión de Tina lo expresó de la mejor manera:

Mujer "blanca" de treinta y tres años de edad, casada hace siete años y con tres hijos. Esposo adicto al trabajo. Esposa que experimenta ira severa, depresión, culpa y pérdida de identidad como codependiente, después de meses de actividad compulsiva y varios años de negación activa.

Frank era un adicto al trabajo y Tina Davis hacía lo único que sabía hacer frente a la adicción de un ser querido; dejar que su propia adicción aumentara.

Al principio, Tina era adicta a Frank. Lo esperaba hasta que llegara porque él se quedaba continuamente hasta largas horas de la noche en la oficina. Recalentaba las comidas que había preparado horas antes, lo alimentaba y a sí mismo su adicción. Negaba el resentimiento que estaba aumentando lentamente y que al final, estalló en un destello de ira.

Al final, ella se unió a él en su adicción asumiendo más y más trabajo para tratar de borrar los sentimientos aterradores que salían a la superficie, con los que nunca le habían enseñado a lidiar. Y no es coincidencia que a medida que la pequeña niña dentro de ella comenzó a hablarle más claramente, su hijo biológico real empezó a hablar de la única manera que sabía; simulando en la escuela y en la casa las tensiones tácitas e irreconocibles que existían en la familia.

El destino de la familia Davis aún falta por desplegarse por completo. Tina ingresó a una terapia a largo plazo para iniciar el proceso de descubrimiento y reaprendizaje que eran necesarios para que no volviera a caer en sus propias trampas de dependencia. Frank, los hijos y Tina están en terapia familiar.

La concientización de las dependencias subyacentes por parte de Frank es aún muy tenue; y aunque no lo dice abiertamente, todavía cree que Tina es básicamente la que tiene el problema. Las normas y los lazos familiares que lo llevaron gradualmente a su adicción al trabajo, orientada hacia el éxito, son seductores y poderosos; y el sistema de negación que Frank asumió al vivir en una familia cuyos miembros "saben que se aman" pero tienen dificultad para expresarlo espontáneamente, es sumamente profundo.

En un sistema de adicción de cualquier tipo, cada miembro se ve afectado profundamente. Y para que surja la verdadera salud en el nuevo sistema que se espera que emerja de una crisis como esta, cada integrante de la familia debe cambiar para que el sistema permanezca intacto.

Algunas veces, cuando solo uno o dos miembros de un sistema se vuelven más saludables, su única alternativa para mantener su propia salud es abandonar el sistema.

La familia "obvia"

Sandy Dorset creció en las afueras de Boston. Es la mayor de cinco hermanos. Su padre comenzó a consumir licor en exceso poco después de casarse con la madre de Sandy. Cuando Sandy nació, había sido despedido de una empresa de suministro de repuestos por problemas financieros de la misma. Aunque tenía una licenciatura de una pequeña universidad estatal del área, sus dificultades emocionales no resueltas y el alcoholismo no tratado seguían interponiéndose en su camino para encontrar un trabajo decente.

La madre de Sandy comenzó a trabajar medio tiempo como enfermera técnica licenciada para ayudar a pagar las cuentas, mientras su esposo pasaba de un trabajo a otro, en busca de una buena oportunidad laboral.

Durante los siguientes seis años, cuatro hijos más fueron agregados a la familia de los Dorset. La combinación de tensiones financieras y de maternidad, produjeron una situación explosiva y agotadora en el hogar. Cuando Sandy tenía cinco años, su padre se había vuelto físicamente violento con su madre y verbalmente abusivo en extremo, con sus hijos.

Sandy recuerda que se acurrucaba en la esquina de la sala de estar y los hermanos más pequeños se le apiñaban a su alrededor para protegerse, mientras su padre gritaba una y otra vez y luego golpeaba a su madre. Estos episodios eran seguidos por unos pocos días y después venían semanas de relativa calma. Luego todo el ciclo se repetía.

En una ocasión, la madre de Sandy trató de obtener ayuda para la familia. Habló con una amiga que pertenecía a Al-Anón (grupo para parientes de personas alcohólicas), cuyo su esposo se estaba recuperando con éxito del alcoholismo, pero esto lo enfureció tanto, que nunca volvió a hablar con su amiga por temor a lo que podría hacerle a ella o a los hijos.

De esta manera, la familia Dorset permaneció violentamente atrapada durante toda la infancia de Sandy, con períodos de caos intercalados y tiempos de silencios devastadores, ya que todos contenían la respiración y andaban con mucho cuidado, porque tenían la esperanza de que las cosas mejoraran, pero nunca sucedió.

Sandy aprendió a vivir en este sistema, construyendo una barrera protectora a su alrededor. Cuando era pequeña, jugaba sola en su habitación durante horas y horas, creando un mundo de fantasía, de amigos y lugares imaginarios en su mente. A medida que crecía, se hizo más fácil para ella bloquear el dolor, manteniéndose lejos de su casa en lo posible; aunque esto la partía en dos direcciones a la vez, porque una parte de ella sentía la necesidad de estar en casa para cuidar a sus hermanitos menores.

Al igual que muchos hijos que se crían en familias alcohólicas, Sandy se convirtió en una alumna estrella académicamente y mantuvo bien escondido el secreto familiar. Todos sabían que los Dorset eran pobres, pero ella siempre se las arreglaba para mantener su blusa bien planchada y mantenerse respetuosa y ávida por complacer a los demás. Nunca mencionó los horribles eventos que vivía en su casa. El honor familiar, es el honor familiar, pase lo que pase.

En la escuela secundaria, Sandy comenzó a aumentar de peso y tuvo dificultades para perderlo. Cuando ingresó al programa de enfermería de dos años, tenía 100 libras de sobrepeso, pero nunca dejó que eso la desmoralizara. Se destacó en este programa y logró emplearse de tiempo completo solo tres semanas después de graduarse.

A la edad de 25 años, Sandy Dorset comenzó a salir con un joven, el cual ella sentía había sido enviado desde el cielo. Él era amable, cariñoso, colaborador y estudiaba en la universidad para ser un consejero. Nunca hablaron del problema de su sobrepeso, pero en el fondo le preocupaba que esto podría eventualmente separarlo de ella. Sin embargo, salieron muy seguido durante varios meses, y luego decidieron casarse.

Dos años después de casarse, Sandy dio a luz a una niña. Para entonces, su esposo trabajaba horas extras como consejero de jóvenes desfavorecidos y Sandy empezó a trabajar medio tiempo como enfermera para pasar más tiempo con la bebé. Durante ese tiempo, su esposo tuvo una aventura con una amiga de ella. Aunque siempre había jurado, hasta donde podía recordar, que nunca tomaría ningún tipo de bebida alcohólica, Sandy comenzó a tomar para calmar el dolor de una vida que parecía desmoronarse a su alrededor.

A medida que su matrimonio se deterioraba, bebía más y más para lidiar con el horror de darse cuenta que *se estaba repitiendo todo el patrón de su infancia*. Se desesperaba mucho y tenía tendencias suicidas. Y tuvo suerte... porque el personal del hospital donde la ingresaron, después de tomar una sobredosis de pastillas para dormir, pudo detectar su farmacodependencia muy rápidamente.

Angustiada, pero aliviada de que alguien finalmente la cuidaran de esa manera, como nadie lo había hecho mientras crecía, Sandy Dorset aceptó con gusto la recomendación que le hicieron en el hospital de ingresar a un tratamiento de farmacodependencia, y fue allí donde su vida realmente comenzó.

Su camino hacia la recuperación no ha sido fácil. Como ocurre con muchos alcohólicos, detener la ingestión de alcohol en sí, no fue tan difícil como ella pensaba que podría ser; pero el dolor que sentía al lidiar con las dependencias subyacentes (lo que hoy llamamos codependencias), con la tremenda cantidad de reaprendizaje que tenía que hacer, y con las torturas emocionales resultantes de haber crecido en una familia alcohólica abusiva, fue a veces más de lo que pensó podría soportar. Su esposo ya se había divorciado de ella, pero Sandy seguía trabajando, luchando y enfrentando sus miedos, enojos y heridas.

Comenzó a asistir a los grupos de *Niños Adultos* de Alcohólicos de Al-Anón y de A.A. Así continuó su ascenso gradual pero constante, fuera de las profundidades de la desesperación. Con cada nuevo paso que tomaba fuera de la oscuridad, parecía encontrar amigos más y más saludables. Su peso, que había subido a 150 libras por encima de lo normal en el apogeo de su crisis, lentamente comenzó a disminuir. Su hija estaba creciendo y convirtiéndose en una niña feliz y bien equilibrada. Durante los primeros años después del tratamiento, Sandy salía irregularmente a citas con enamorados, pero nada en serio. Tenía un trabajo, su hija y su propia recuperación que cuidar y manejar. A los treinta años de edad, conoció a un hombre realmente diferente. Él se preocupaba por ella sin asumir la responsabilidad de sus problemas. En ocasiones se enojaba, pero nunca iba más allá de eso. Se peleaban algunas veces, pero resolvían sus diferencias y seguían adelante como si no hubiera pasado nada. Cada uno, pasaba tiempo a solas y a veces juntos; también iban a sus propias reuniones de A.A.

Sandy y su segundo marido han estado casados desde hace 15 años. Aunque han tenido sus altibajos como cualquier pareja, Sandy dejó atrás la pesadilla de su primer matrimonio y ahora tiene una relación tranquila, cómoda e integral. Aunque el fracaso de su primer matrimonio nunca lo abandonará por completo, ha tomado una posición realista sobre su pasado que le sirve como un recordatorio constante. Cada vez que se somete a demasiado estrés o se siente muy insegura por sus emociones abrumadoras, encuentra una manera saludable para responder. Sandy Dorset ahora sí tiene una vida.

Capítulo 3

¿Quiénes somos?
¿Cuáles son nuestros síntomas?

¿Quiénes *son* estos *Niños Adultos* de familias disfuncionales de los que estamos hablando? ¿Dónde viven? ¿Cuánto dinero ganan? ¿Qué clase de problemas tienen? ¿En todo caso, quiénes son estas personas?

"Estas personas" somos nosotros, al menos del 90 al 95% de nosotros, como mostraremos más adelante. Muchos somos *Niños Adultos* de padres alcohólicos que tenemos las características descritas en el libro más vendido de Janet Woititz denominado "*Adult Children of Alcoholics*" (*Niños Adultos* de Alcohólicos) (Woititz, 1983); o somos mujeres u hombres que "amamos" demasiado, conforme lo describe Robin Norwood (Norwood, 1985).

Como lo afirma Terry Kellogg (1986), muchos de nosotros no somos solo víctimas de alcohólicos, de abusadores de niños o de maltratadores de cónyuges; sino que muchos nos convertimos en alcohólicos, abusadores de niños y maltratadores de cónyuges, seamos hombres o mujeres.

Como *Niños Adultos* de familias disfuncionales, operamos en un mundo de extremos, buscando siempre ese equilibrio saludable, *la regla de oro*, pero siempre pareciendo no estar a la altura. El péndulo oscila a un extremo y nos sentimos solos, aislados y atemorizados. Nos cansamos de esto y el péndulo se balancea hacia el otro extremo, donde nos sentimos atados, asfixiados y enojados. Y, luego, este se devuelve hacia atrás nuevamente. Esto es cierto en muchas áreas de nuestras vidas, hasta que entramos en un programa de recuperación firme.

A continuación, presentamos una lista que elaboramos nosotros, los autores, para un taller que realizamos en Texas hace unos meses, la cual podría ayudar a empezar a describir los problemas que afectan a los *Niños Adultos*:

1. Somos personas que llegamos a los 28, 39 o 47 años y de repente descubrimos que algo anda mal que no podemos arreglarl por nosotros mismos. Esto puede coincidir con las crisis de las etapas normales de la vida descritas por Levinson (1978), Gould (1978), Sheehy (1974) y otros, pero su intensidad, dolor y confusión subyacentes sugieren que existen problemas de *Niños Adultos* por debajo de la superficie.

2. Somos personas que miramos a nuestros semejantes en la calle o en una fiesta y nos decimos a nosotros mismos: "Ojalá pudiera ser como ella o él"

3. Somos personas que nos decimos a nosotros mismos: "Si él tan solo supiera lo que realmente está sucediendo dentro de mí, se escandalizaría."

4. Somos personas que amamos a nuestros cónyuges y nos preocupamos profundamente por nuestros hijos, pero nos encontramos cada vez más distantes, separados y temerosos en nuestras relaciones con ellos.

5. Sentimos que todo en nuestras vidas está perfecto hasta que nuestros hijos o hijas se vuelven farmacodependientes, bulímicos, huyen de casa o intentan suicidarse.

6. Estamos subempleados y parece que nunca somos capaces de alcanzar nuestro verdadero potencial de trabajo. Nos sentimos estancados en trabajos que detestamos porque estamos confundidos, atemorizados o perdidos.

7. Somos farmacodependientes, adictos al sexo y tenemos malos hábitos alimenticios.

8. Sufrimos de migraña, ejercicio bulímico y somos personas de alto rendimiento, pero con matrimonios problemáticos.

9. Somos "estrellas" sociales que nos sentimos terriblemente solos en medio de nuestro gran número de amigos.

10. Algunos de nosotros crecimos en familias caóticas y nos acostumbramos gradualmente al alcoholismo, al incesto y al abuso físico, emocional y espiritual.

11. Algunos de nosotros nos sentimos especialmente paralizados ahora porque la disfunción que experimentamos fue tan sutil (encubierta), que ni siquiera podemos comenzar a identificar qué nos sucedió.

12. Algunos de nosotros fuimos comparados con un hermano o hermana que tuvo un gran rendimiento en la escuela.

13. A otros se nos hizo creer que solo podíamos tener mérito y valor si nos convertíamos en plomeros, médicos, electricistas, abogados o psicólogos.

14. Algunos anduvimos con mucha cautela durante toda la infancia porque la familia era pobre, papá tenía dos trabajos, mamá criaba a cinco hijos casi sola, y todos estaban cansados y tensos, la mayor parte del tiempo.

15. Muchos de nosotros fuimos descuidados emocionalmente porque nadie estuvo físicamente allí para nosotros, o si estuvieron, fue con cosas materiales, pero ausentes emocionalmente.

16. Algunos fuimos consentidos y sofocados con amor equivocado; seducidos a quedarnos en el nido más años después que nuestros amigos habían salido al mundo a comenzar sus vidas adultas.

17. Muchos de nosotros tenemos miedo de las personas, especialmente de las figuras de autoridad.

18. Otros de nosotros asustamos a la gente, especialmente a nuestros seres queridos, y exigimos que ellos vivan en nuestros mundos aislados, controlados completamente por nosotros.

19. Somos personas que desprecian la religión o el ateísmo.

20. Dejamos que otros nos usen y abusen, o usamos y abusamos a otros.

21. Somos personas que solo tenemos ira o solo tristeza o solo miedo o solo sonrisas.

22. Nos esforzamos tanto que perdemos; o intentamos tan poco, que nunca vivimos la vida en absoluto.

23. Somos hombres y mujeres que mostramos una "imagen perfecta." (Fry, 1987).

24. Somos hombres y mujeres que tocamos fondo y sentimos que finalmente pertenecemos a algún lugar.

25. Tenemos depresión o tenemos rabia.

26. Nuestro pensamiento obsesivo conduce a una sensación de vacío o una sensación de caos.

27. Nos mantenemos en montañas rusas o vacíos emocionales.

28. Sonreímos mientras tiramos los gabinetes de la cocina porque estamos realmente enojados o los tiramos con enojo cuando estamos realmente tristes.

29. Abusamos de nosotros mismos pero cuidamos de todos los demás.

30. Cuando somos infelices, tenemos mucho miedo de reconocerlo por temor a que alguien descubra que somos humanos o, peor aún, incluso que existimos.

31. Tenemos problemas para relacionarnos con nuestros hijos, nuestras hijas o ambos.

32. Podemos hacer el amor, pero no podemos acercarnos emocionalmente ni hacer el amor en absoluto.

33. Vigilamos constantemente a los demás para tratar de averiguar qué es aceptable y qué no es.

34. Nos sentimos menos que algunos y mejores que otros, pero rara vez sentimos que pertenecemos.

35. Nos quedamos atrapados en vidas que nuestros corazones nunca eligieron.

36. Nos aferramos al pasado, tememos al futuro y nos sentimos ansiosos por el presente.

37. Nos matamos trabajando con fines desconocidos.

38. Nunca estamos satisfechos.

39. Tememos a Dios o esperamos que Dios haga todo por nosotros.

40. Tememos u odiamos a las personas que son diferentes.

41. Conseguimos amistades de las cuales no podemos luego salir.

42. Nos apegamos a las cosas.

43. Proyectamos nuestros conflictos internos a nuestros hijos.

44. Nos avergonzamos de nuestros cuerpos.

45. No sabemos por qué estamos aquí.

46. Sufrimos tanto como podemos.

47. Vemos un carro de policía y sentimos que hemos hecho algo malo.

48. Sacrificamos nuestra dignidad por una falsa seguridad.

49. Exigimos amor y rara vez lo conseguimos.

50. Deseamos cosas en lugar de salir y obtener lo que queremos o necesitamos.

51. Deseamos lo mejor, esperamos lo peor y nunca disfrutamos del momento

52. Cuando comemos solos en un restaurante, sentimos que el resto de la raza humana fue puesta para hacernos sentir intensamente incómodos.

53. Preguntamos "¿Dónde está la carne?" (famosa frase en un comercial) pero, a diferencia de Clara Peller en la comedia televisiva, no nos pagan por preguntar cuando nadie responde.

54. Huimos cuando nos enamoramos o nos abandonamos por causa de la relación.

55. Asfixiamos a los que amamos, doblegamos a los que amamos o ambos.

56. Algunos de nosotros cambiaremos el rumbo de la historia con nuestras acciones, otros viviremos en la oscuridad.

57. Cuando crecemos, odiamos a nuestros padres o los mantenemos en pedestales en donde los pusimos cuando éramos niños; rara vez dejamos que sean—humanos propensos a cometer errores, como todos.

58. Nos sentimos culpables o celosos y menospreciados por la forma como nuestros hermanos o hermanas fueron tratados, en comparación como fuimos tratados nosotros.

59. Odiamos a papá y sobreprotegemos a mamá o lo contrario.

60. Fuimos abusados sexualmente por alguien cuando teníamos cinco años, pero nos culpamos a nosotros mismos, pensando que debimos haber comprendido mejor lo que nos estaba pasando a esa edad.

61. Algunos de nuestros padres tuvieron una enfermedad crónica durante la etapa de nuestro crecimiento

62. Algunos de nuestros padres tuvieron enfermedades mentales durante nuestro crecimiento.

63. Algunos de nosotros crecimos sin papá ni mamá.

64. Somos sobrevivientes que oramos en el fondo para que algún día la vida sea algo más que una mera supervivencia.

65. Somos amantes de la vida con un niño(a) pequeño(a) encerrado(a) dentro de nosotros, esperando ser liberado(a).

Independientemente de nuestros síntomas o circunstancias, somos *Niños Adultos* de Familias Disfuncionales debido a que: ***Algo nos pasó hace mucho tiempo. Ocurrió más de una vez. Nos dolió. Nos protegimos de la única manera como sabíamos hacerlo. Hoy seguimos protegiéndonos a nosotros mismos, pero eso ya no funciona.***

Síntomas de los *Niños Adultos*

Los síntomas que desarrollamos, como resultado de lo que nos sucedió, abarcan toda la gama de desórdenes psiquiátricos y trastornos que están relacionados con el estrés y van desde trastornos, por uso de sustancias y otras adicciones, hasta sentimientos de depresión, fobia, ansiedad, trastornos de la personalidad y de la intimidad, disfunción sexual, hiperactividad, trastornos alimenticios, y comportamientos compulsivos y obsesivos.

Seremos los primeros en estar de acuerdo que no todos estos problemas, en todos los casos, tienen como causa principal algún tipo de disfunción en nuestras familias. El alcoholismo, la esquizofrenia, ciertos tipos de depresión, algunas formas de ansiedad y algunos tipos de obesidad parecen tener raíces biológicas bien documentadas. Pero consideramos curioso el hecho de que en todos los años de ofrecer terapia, hemos encontrado que todos o casi todos los alcohólicos, por ejemplo, provenían también de familias disfuncionales que estaban reproduciendo esa disfunción en sus propios sistemas familiares actuales.

De hecho, podemos pensar en dos personas que provenían de familias sanas, pero parecían haber heredado una predisposición biológica a ser adictas al alcohol pero, sin embargo, manejaron el problema de una manera muy funcional. Ambos se dijeron a sí mismos: "Creo que me estoy volviendo adicto a esta cosa." Hablaron con sus familias y amigos sobre el tema y luego buscaron ayuda para detener la adicción. La diferencia con la mayoría de nosotros es que somos demasiado disfuncionales para hacer eso.

Los síntomas que desarrollamos tienen ciertas características que parecen manifestarse en la mayoría de los Niños Adultos.

Nuestros síntomas...

1. son parte de nuestro sistema de negación,
2. nos dan la ilusión de que tenemos el control,

3. comenzaron como una respuesta normal a algún estrés percibido,
4. se constituyen como medios para protegernos del dolor que cuando niños no tuvimos el poder para eliminarlos,
5. tienen que ver con la negación de los sentimientos,
6. son "bloqueadores" de la intimidad y las relaciones,
7. tienen que ver con la vergüenza...

Nuestros síntomas nacen de la *negación* emocional y sirven para mantenerla. Son los medios que nos permiten tener un tipo de vida mientras nos convencemos de que tenemos otro tipo de vida muy diferente. Y aunque sirven *para darnos la ilusión de estar en control*, en realidad son indicadores claros de lo que realmente hemos hecho, que es ceder el control saludable de nuestras vidas a algo que se encuentra fuera de nosotros mismos.

Al quedar atrapados en una adicción o fobia, en realidad cambiamos el verdadero control de nuestras vidas por la ilusión de tenerlo. Esta ilusión de tener control es lo que hace que sea tan aterrador renunciar a nuestros síntomas.

El adicto al sexo cree verdadera y sinceramente que si él o ella renuncia al sexo no saludable, su vida se desmoronará y terminará en caos. El adicto a las relaciones, que, en la mayoría de los casos es adicto a otra persona que también lo es, cree sinceramente, que si él o ella trata de hacer un cambio saludable, la vida se le va a desmoronar. El que practica el ejercicio bulímico para mantener su peso bajo control trotando, que encuentra su único sentido de "supuesta paz interior" trotando, y muestra todos los signos de abstinencia cuando no puede correr, cree verdadera y sinceramente, que su vida no vale la pena vivirla si no tiene la capacidad de correr.

Todos nuestros síntomas *comenzaron como una respuesta normal a algún estrés al que nos sometemos en la vida*. Consideramos que el semillero de los síntomas fue introducido en nuestra infancia, cuando estábamos aprendiendo a vivir con otras personas. Cuando esos sistemas familiares en los cuales crecimos tuvieron algún tipo de disfunción (sea obvia/manifiesta, como en el caso de Sandy, o sutil/encubierta como el caso de Frank), es normal, lógico y razonable que uno como niño(a) de esa familia, se proteja a sí mismo. Así como el cuerpo físico aísla una infección para proteger al resto del cuerpo creando un quiste a su alrededor, si no se trata durante un tiempo prolongado, nuestras mentes infantiles aislarán la fuente del dolor psicológico en una manta segura de negación para mantener algo de equilibrio.

Estos síntomas se forman como un medio de protección contra algún dolor que sufrimos cuando niños y no tuvimos poder para eliminar. Desde el comienzo de la negación, crece el patrón de dividirnos en dos, como lo hizo Sandy. Ella era una niña competente y de alto rendimiento en su exterior, pero estaba asustada, herida y perdida en su interior. Entre más tiempo pasaba sin que esta disfunción fuera tratada, más hábil se volvía ella para negar sus verdaderos sentimientos. Asimismo, cuanto más negamos nuestros sentimientos, peor nos sentimos.

Por lo tanto, nuestros síntomas también tienen que ver con la *negación de sentimientos*. Apagamos el dolor y el miedo. Disfrutamos los elogios de extraños que solo pueden ver la imagen pública que presentamos. Nos enorgullece ser "el fuerte," "el rebelde" o "el tesorito," pero todo el tiempo estamos muriendo por dentro porque sentimos que nadie sabe realmente quiénes somos, y probablemente sea así. Por lo tanto, nuestros síntomas también son trastornos *de intimidad o de relaciones.*

Al apoyar nuestra negación y ayudarnos a mantener nuestros "secretos familiares,"–nuestros síntomas también nos impiden acercarnos a otras personas de manera saludable. Siempre tenemos que mantenernos en guardia, con la esperanza de que nadie descubra lo que realmente tenemos por dentro, lo cual significa que nuestros síntomas también tienen que ver con la *vergüenza.* Tienen que ver con la vergüenza de "ser descubiertos," de ser emocionalmente desnudados frente a los demás, de ser ridiculizados, criticados o rechazados.

La lista de los síntomas que pueden desarrollarse en los *Niños Adultos* de familias disfuncionales es bastante larga. Muchos de nosotros tenemos varios de estos síntomas dentro de nosotros al mismo tiempo. Nunca hemos conocido a un comedor compulsivo, por ejemplo, que no tenga una dependencia perjudicial en los alimentos. Rara vez hemos visto a un cónyuge de un alcohólico, que no esté literalmente adicto a la relación con él o que no sea compulsivo en varias otras áreas de su vida, o tenga una dependencia perjudicial en otras personas o cosas y que no tenga problemas con la depresión.

No es la etiqueta que uno le pone a las personas lo que determina qué tipo de problemas familiares tendrán o qué clase de padres serán. A la niña que llora en su habitación después que su madre solitaria y frustrada la grita, no le interesa si su madre es etiquetada o no como una adicta a las relaciones, una codependiente o una comedora compulsiva. Lo que le importa a esa niña, es el hecho de que su mamá y papá no son felices, que ellos le gritan todo el tiempo, la ponen en medio de sus peleas y no la dejan tener sus verdaderos sentimientos.

Aunque nuestra lista no es totalmente inclusiva, creemos que nos da una idea de lo que nos sucede a muchos de nosotros los *Niños Adultos*.

Algunos síntomas desarrollados por *Niños Adultos*

Emocionales y psicológicos

1. depresión
2. ataques de ansiedad/pánico
3. suicidio o pensamientos suicidas
4. obsesiones y compulsiones
5. adicciones a sustancias químicas
6. baja autoestima
7. trastornos de la personalidad
8. fobias
9. histeria
10. disfunción sexual
11. desconfianza
12. problemas de intimidad
13. disociación
14. emociones monótonas o nulas
15. dificultad para concentrarse
16. ira excesiva
17. baja tolerancia a la frustración
18. personalidad pasiva-agresiva
19. dependencia extrema
20. incapacidad para ser interdependiente
21. incapacidad para jugar o divertirse
22. incapacidad para ser asertivo

23. complacencia de los demás
24. búsqueda de aprobación
25. confusión de identidad

Físicos

1. farmacodependencia
2. trastornos alimenticios
3. propensión a accidentes/síndrome de dolor crónico
4. tensión y migrañas
5. problemas respiratorios
6. úlceras, colitis, problemas digestivos
7. estreñimiento/diarrea
8. trastornos del sueño
9. tensión muscular
10. ATM (trastorno de articulación temporomandibular)

Debido a que tienden a ser tan comunes para los *Niños Adultos*, echaremos un vistazo breve pero más detallado a las adicciones, compulsiones, dependencias perjudiciales, depresión, síntomas de estrés, fobias y ansiedad.

Adicción

En el sentido más estricto, una *adicción* es una dependencia fisiológica en alguna sustancia, en la cual la dependencia se ha salido de control y está afectando el funcionamiento diario del adicto de algunas maneras bastante graves. Esta definición, por supuesto, dejaría fuera los usos más amplios del término, tales como la adicción al trabajo, al amor, a la televisión, etc. Preferiríamos usar la "adicción" de manera más amplia porque esa es la forma que se está usando con mayor frecuencia hoy en día. De todas maneras, suponemos que la diferencia entre una adicción y una dependencia perjudicial puede ser simplemente el grado de la misma.

Compulsión

Una *compulsión* es algo que hacemos, que no creemos ser capaces de controlar o detener, pero que nos da *la ilusión de tener el control*. El lavado compulsivo de manos ("fuera, fuera, maldita mugre") para tratar de eliminar algún pecado imaginario de nuestras manos, es un ejemplo clásico de una compulsión, así como levantarse en la noche siete u ocho veces para verificar si cerró todas las puertas y ventanas. Los médicos hablan de comer, jugar, limpiar o gastar compulsivamente. ¿Le suena familiar? ¿Soy un jugador compulsivo o soy un adicto al juego? ¿O realmente importa cómo lo llamemos, siempre y cuando sepamos que es algo que está fuera de control y nos está haciendo daño a nosotros y a los demás?

Dependencias perjudiciales

Las *dependencias perjudiciales* se originan de nuestro estado normal de dependencia como infantes. Nacemos totalmente dependientes de nuestros padres para nuestra supervivencia. Si ellos no nos hubieran alimentado, criado y cuidado cuando estábamos enfermos, hubiéramos literalmente muerto. Por lo tanto, nuestras necesidades de dependencia están profunda y firmemente arraigadas en términos de supervivencia absoluta.

A medida que crecemos, estas necesidades toman formas más y más sutiles. A la edad de seis años, por ejemplo, es posible que podamos realmente sobrevivir por nuestra cuenta, como muchos hijos tienen que hacerlo en países pobres, aunque no sobrevivimos bien a esa edad sin la ayuda continua de los adultos. A la edad de 15 años, podemos sobrevivir bastante bien por nuestra cuenta, al menos en términos de satisfacción de nuestras necesidades biológicas y de seguridad básica. ¿Pero, qué pasa con las necesidades emocionales menos obvias que tenemos y las necesidades que son menos tangibles, pero aún poderosas? La mayoría de las veces son estas necesidades las que no se satisfacen en las familias disfuncionales, lo que significa que nos lanzamos a la edad adulta con un conjunto de necesidades insatisfechas.

Una de las principales tareas del crecimiento consiste en aprender a ser interdependientes con los demás. La interdependencia significa ser su propia persona, ser capaz de mantener una identidad clara y separada de los demás, sin dejar de reconocer la necesidad de recibir ayuda y apoyo de los demás. También significa poder obtener ese apoyo de manera saludable y no destructiva.

¿Soy interdependiente si tengo muchos amigos pero empiezo a sentir que hago demasiado por ellos y no recibo lo suficiente? ¿Soy interdependiente si, como Sandy, soy una persona de alto rendimiento, responsable y competente en el trabajo, pero siento que nadie conoce mi verdadero yo? ¿O simplemente estoy mostrando la parte negativa de la dependencia perjudicial?

Friel (1982) escribió sobre la *dependencia paradójica*, en la que la persona que tiene este problema parece ser autosuficiente e independiente por fuera, pero tambalea por dentro. La dependencia paradójica es una forma de dependencia perjudicial. Verse fuerte y estable en la superficie, mientras se tienen relaciones infelices y baja autoestima en el interior, es un signo claro de dependencia perjudicial.

Una dependencia perjudicial es el apego que tenemos a una sustancia, un trabajo, una persona, una mascota o cualquier cosa que esté obstruyendo nuestra felicidad y contentamiento. Estos apegos, al igual que las adicciones, nos impiden escuchar al pequeño(a) niño(a) dentro de nosotros que desea que sus necesidades sean satisfechas de manera saludable y que quiere ser liberado(a). Nos mantienen en negación; nos impiden formar vínculos saludables con amigos y amantes. Detrás de ellos está el mismo miedo, tristeza, dolor, soledad e ira que hay detrás de las adicciones y compulsiones.

Las dependencias perjudiciales impiden la formación de una interdependencia saludable y, por lo tanto, son destructivas para nosotros. Y, como muchos expertos saben muy bien, cuando las dependencias malsanas y nocivas no se tratan, a menudo se deterioran y se convierten en adicciones como resultado de las tensiones de la vida normal.

Depresión

La *depresión* es algo que todos experimentamos en algún momento de nuestras vidas. Incluye sentimientos de baja autoestima, tristeza, decaimiento, melancolía, cansancio, el comer mucho o no comer casi, etc. Muchos casos de depresión a largo plazo son causados por desequilibrios de sustancias neurotransmisoras en el cerebro, lo cual hace que el cerebro no se estimule lo suficiente.

Los medicamentos antidepresivos han sido muy útiles en el tratamiento de este tipo de depresión. Pero vemos muchos casos que se tratan solo con medicamentos, aunque el verdadero problema subyacente, es una gran cantidad de "basura" no resuelta desde la infancia.

Nos deprimimos cuando no sabemos cómo obtener lo que necesitamos en la vida; nos deprimimos para castigar a los demás; nos deprimimos para hacer que otros nos ayuden, es decir que la depresión puede ser un medio para obtener poder sobre los demás; y nos deprimimos cuando tenemos miedo de expresar nuestra ira. Existen muchos tipos de depresión.

Tenemos la impresión de que por cada persona que no está tomando medicamentos antidepresivos y debería estarlo, hay muchos otros que los están tomando y no los necesitarán una vez reconozcan y resuelvan la realidad de ser *Niños Adultos* de una familia disfuncional.

Síntomas de estrés

Los *síntomas de estrés*, tales como migraña o dolores de cabeza por tensión, muchas formas de trastorno de articulación temporomandibular o ATM (dolor en las articulaciones de la mandíbula por rechinar los dientes), úlceras, colitis, trastornos de la piel, dolores de espalda, problemas de tensión muscular, asma, etc., son sumamente comunes entre los *Niños Adultos*.

Son comunes porque cuando nos escondemos y tratamos de bloquear lo que creemos ser sentimientos inapropiados, estos salen de todos modos por algún lado. En lugar de llorar, tenemos dolores de cabeza. En lugar de decirle a nuestro cónyuge que no nos gusta ir de compras, vamos de todos modos y nos da dolor de estómago. En lugar de admitir que estamos cansados, nos matamos trabajando compulsivamente para demostrar lo fuertes que somos y desarrollamos hipertensión. Nuestros cuerpos reaccionan a las cosas que nos rodean, nos guste o no. Depende de nosotros expresar esas reacciones de manera saludable y no disfuncional.

Fobias

Las *fobias* son miedos irracionales que nos impiden realizar nuestras actividades cotidianas con tranquilidad. Las fobias severas nos pueden impedir llevar a cabo, hasta en lo más mínimo, nuestras actividades cotidianas. Desarrollamos miedos a la gente, a salir de casa, a trabajar o a ir a la escuela. Si bien la fobia específica puede estar ligada a un solo evento traumático, a menudo las normas de nuestro sistema familiar son las que nos impiden superar las fobias. Y esas mismas normas pueden ayudar a que la fobia se expanda y crezca en otros miedos irracionales que nos paralizan aún más.

Ansiedad

Los síntomas de *ansiedad* incluyen temblores o agitación, mareos, dolor o malestar en el pecho, desmayos, miedo a morir o volverse loco, acaloramiento y enfriamiento, cosquilleo en las manos o pies, sudoración, palpitaciones del corazón, desasosiego, zozobra, tensión, sensación de cansancio y desgaste, espasmos en los párpados, inquietud, manos frías y húmedas, boca seca, malestar estomacal, micción frecuente, diarrea, alta frecuencia cardíaca en reposo normal, preocupación, miedo, hipertensión, distracción, dificultad para concentrarse, irritabilidad e impaciencia.

Esta es una larga lista de síntomas, y la mayoría de ellos también pueden ser causados por problemas físicos, por lo que se recomienda enfáticamente, que se realice un examen físico antes de asumir que se trata de ansiedad.

Por otro lado, vemos a muchas personas que van de médico en médico y se toman un examen costoso tras otro, buscando la causa física de sus síntomas, cuando lo que realmente les está sucediendo es que tienen un dolor emocional profundamente arraigado que no están reconociendo. Cuando se enfrentan al dolor, los síntomas comienzan a desaparecer lentamente.

Nuestro consejo general sobre los síntomas es primero, realizarse un examen físico completo para descartar las causas físicas. Si se somete a psicoterapia, le recomendamos decirle a su terapeuta que también desea explorar si la posible causa de sus síntomas es su disfunción familiar, en vez de simplemente recibir medicamentos o un tratamiento para modificar su comportamiento.

En nuestra opinión, los síntomas son causados biológicamente o están allí por una razón protectora, probablemente causada por una disfunción familiar.

Capítulo 4

Algunos anzuelos:
Adicciones, en particular

Debido a que los patrones de vida adictivos y compulsivos son tan comunes entre los Niños Adultos de familias disfuncionales, nos gustaría tomar una breve desviación del tema para identificar cuáles son algunos de estos anzuelos.

Se estima que 28 millones de estadounidenses tienen al menos un padre alcohólico.

Más de la mitad de todos los alcohólicos tienen un padre alcohólico.

Una de cada tres familias reporta que uno de sus miembros abusa del alcohol. El alcohol es un factor significativo en el 90% de los casos de abuso infantil según *"National Association of Children of Alcoholics Charter Statement"* (Declaración de Estatutos de la Asociación Nacional de Hijos de Alcohólicos).

Los expertos sugieren que 80 millones de estadounidenses sufren de sobrepeso (Turner & Helms, 1987).

Uno de cada tres adultos aún fuma cigarrillos (Encuesta Gallup de 1987), millones de personas toman café, muchos de ellos en forma adictiva y son miles las lesiones causadas por trotar.

Antes de que su naturaleza altamente adictiva fuera reconocida por la comunidad médica y psicoterapéutica, tranquilizantes recetados, como Librium y Valium, atraparon a incontables miles de personas en adicciones.

El niño promedio mira de seis a ocho horas de televisión por día. Para cuando se gradúa de la escuela secundaria, el niño promedio ha pasado más horas frente al televisor que en la escuela.

Tomó dos años vender las primeras 5,000 copias del libro denominado "A.A. *Big Book*" (El Gran Libro de A.A. o la biblia de A.A.), el cual fue impreso por primera vez en 1939. Ahora toma dos días (World Services de A.A., 1985) vender ese mismo número de libros. Esto, por supuesto, es una estadística inspiradora y grandiosa porque nos muestra cuántas personas ahora están recibiendo ayuda para tratar una enfermedad que alguna vez se pensó no era tratable, pero también muestra cuán ávidos estamos de recibirla para nuestros procesos adictivos.

Podríamos citar compulsivamente estadísticas adicionales en 20 ó 30 páginas más para probar nuestro punto de vista, pero no lo haremos. No estamos aquí para usar tácticas atemorizantes o para derribar a la sociedad estadounidense. Hay muchas otras sociedades que luchan con sus propios problemas adictivos. Pero *sí* creemos que es necesario enumerar al menos los agentes adictivos en términos generales.

Para comenzar, simplemente enumeraremos algunos de los agentes más comunes a los que podemos volvernos adictos, los cuales identificamos con base en nuestra experiencia clínica, investigación actual y nuestra propia experiencia personal. Siéntase libre de agregar a nuestra lista elementos adicionales o de refutarlos, si así lo desea.

alcohol o licor	trotar
medicamentos recetados	lectura
medicamentos no recetados	velocidad y peligro
drogas ilícitas	nicotina
comida	cafeína
televisión	relaciones
sexo	el poder
trabajo	dormir
gasto	juegos de azar
estrés	cultos

Lo primero que se debe notar sobre nuestra lista es, tal vez con una o dos excepciones, que no hay un solo elemento dañino o peligroso en sí mismo. Muchas personas que van a Lake Tahoe, Las Vegas o Atlantic City por un fin de semana a apostar en juegos de azar y divertirse, nunca tienen problema con eso. Hay muchos que toman licor moderadamente, para los cuales el licor jamás se convierte en un problema. Incluso el estrés no es peligroso en sí mismo. De hecho, sin un poco de estrés en nuestras vidas, nuestra existencia sería muy aburrida. Por lo tanto, el agente adictivo no es en sí mismo el enfoque de nuestro mensaje, *sino el que es muy importante notar que la adicción puede darse en nosotros de muchas formas.*

El hecho de que no beba alcohol no significa que esté libre de la adicción. Usted podría tener *todos* los rasgos de un adicto como negación, incomodidad con la intimidad, necesidad de poder y control irrazonable, incapacidad de dejar ir o soltar, tormento interior, inseguridad ocultada en grandiosidad, etc., *sin ser un alcohólico.*

Y antes de comenzar a señalarse a sí mismo o a otra persona al leer nuestra lista, recuerde que, solo porque le guste correr o el sexo o la televisión, no significa que tenga una dependencia perjudicial en ellos. Además, tenga en cuenta que cada uno de nosotros es también único en aspectos importantes. Ver televisión puede ser una diversión o forma de entretenimiento saludable para usted, pero también ser una trampa demoníaca para su cónyuge o hijos. Las relaciones de su jefe pueden ser saludables, mientras que las suyas aproximarse a ser adictivas. Su trabajo puede ser desafiante y estimulante, mientras que el de su asistente puede ser adictivo y compulsivo. La prueba no está, como se dice, "en el pudín"; en este caso, está en la persona que come el pudín.

Tal vez las siguientes descripciones breves comiencen a arrojar algo de luz sobre esta distinción.

> Jim toma uno o dos tragos después de un largo día de trabajo y luego cena con su familia. Los fines de semana, él y Bárbara suelen recibir a sus amigos en casa o salir con ellos a divertirse y ha descubierto que unas pocas copas de vino y unas bebidas alcohólicas, después de la cena, le ayudan a relajarse para disfrutar realmente el fin de semana. Todos sus amigos beben y Jim solo se "emborracha" un par de veces al año. Él sabe que no tiene ningún problema porque intentó dejar de tomar el año pasado y pudo pasar dos meses sin hacerlo. Jim tiene una carrera exitosa, una hermosa esposa y dos maravillosos hijos. Él es alcohólico.

> Katherine se toma uno o dos tragos después de un largo día de trabajo y luego cena con su familia. Los fines de semana, recibe a sus amigos en casa o sale a cenar con

ellos. También toma un par de copas de vino con la cena cuando sale. Ella nunca ha tratado de dejar de tomar por completo porque nunca se le ha ocurrido hacerlo. Katherine no es alcohólica.

Sue ha estado trotando 30 millas por semana durante los últimos años. Cada dos años entrena y corre en un maratón. Está orgullosa de su aptitud física y ni se imagina lo que sería no poder volver a trotar. De hecho, su trote matutino viene antes que cualquier otra cosa y cuando su horario se interrumpe por alguna razón, se irrita fácilmente y se vuelve malhumorada durante la mayor parte de la mañana. Sue es adicta al trote.

Frank corre 40 millas a la semana y participa al menos en un maratón cada año. Está orgulloso de su resistencia y condicionamiento. Cuando descubrió que tendría que dejar de correr debido a una lesión que tuvo en la rodilla, se sintió decepcionado y deprimido por un tiempo pero finalmente se recuperó y se encuentra estable nuevamente. Últimamente, ha estado pensando en comenzar a nadar para realizar su ejercicio aeróbico diariamente. Frank no es adicto al trote.

Bob ve televisión con su familia todas las noches, comenzando con las noticias y terminando con una película hasta tarde. Mientras está mirando televisión, otros miembros de la familia también lo hacen si están interesados en el programa. Bob no selecciona nada, mira cualquier cosa que estén presentando. Su esposa bromea sobre ser una "viuda por causa de la televisión" pero ya no se ríe por dentro. Bob es adicto a la televisión.

Mary ve televisión más o menos todas las noches, dependiendo de lo que estén presentando, pero esto nunca ha sido una prioridad muy importante para ella. Incluso, si está en medio de un programa y alguien la invita a salir, no le molesta apagar el televisor. Algunas veces, pasa días sin ver programas en absoluto. Mary no es adicta a la televisión.

Como se puede observar en los ejemplos anteriores, no es la cantidad necesariamente lo que determina la existencia de una adicción. En algunos casos, la cantidad por sí misma puede ser un indicador de un diagnóstico claro, pero no siempre. Una de las declaraciones que puede causarle más risa que cualquier otra cosa a un grupo de Alcohólicos Anónimos, es cuando un alcohólico diagnosticado dice: "¡Pero solo me emborracho un par de veces al año!" Esto también trae a colación el importante consejo de que, al momento de pensar en nuestras propias dependencias y posibles adicciones, *debemos abstenernos de compararnos con los patrones de uso de otras personas.*

La mejor manera de ver nuestros propios patrones de adicción es mirar una lista típica de los síntomas e indicadores de adicción que utilizan los profesionales para determinar *si somos* adictos y *qué tan severa* es nuestra adicción. Creemos que la adicción es algo continuo. Si sospecha que usted o alguien cercano es adicto a algo, es necesario buscar ayuda profesional para hacer un diagnóstico. A continuación presentamos algunos de los principales indicadores.

1. **Preocupación por el agente adictivo:** Por ejemplo, pensar en él, hablar de él, esperar ansiosamente por él, distraerse por su causa, no poder "estar" con otras personas debido a

la preocupación por el mismo... Este aspecto de la adicción es lo que dificulta la intimidad o la imposibilita totalmente, después de un tiempo, porque se convierte en nuestra *relación principal*. Estamos más interesados en ver televisión, tener sexo, consumir licor, correr, apostar, etc., que en estar con las personas que alguna vez amamos.

2. **Mayor tolerancia al agente adictivo:** Necesitamos cada vez más la sustancia química o experiencia para lograr el efecto deseado. Cuanto más la utilizamos, menos efecto parece tener. También hay una creciente frustración con el aumento de tolerancia hacia la misma, ya que el aumento de su uso causa cada vez más y más vergüenza, remordimiento y culpa.

3. **Pérdida de control:** No podemos tomar "solo una." Tratamos de tener períodos de abstinencia o tenemos una abstinencia estresante durante la cual somos irritables, nos enojamos y aislamos. Decimos cosas como, "este es el último día que tendremos sexo compulsivo," "veremos televisión todo el día," "tomaremos licor" o "usaremos Valium." Pero nos levantamos al día siguiente y comenzamos de nuevo.

4. **Abstinencia:** Cuando dejamos de usar la sustancia a la que somos adictos, tenemos síntomas de abstinencia como: irritabilidad, depresión, mal humor, llanto, ira, hostilidad, etc. Esto también aplica a las adicciones diferentes a las adicciones a las sustancias químicas. Familias a las que se les pide que dejen de ver televisión durante un mes, a menudo tiene los mismos síntomas, si son adictos a ella.

5. **Uso furtivo:** Por ejemplo, esconder botellas de licor, comprar con vergüenza pornografía y esconderla en el automóvil o debajo de la cama... tomar algunas bebidas alcohólicas o

píldoras antes de salir en las noches para asegurarse de que tenga suficiente en el torrente sanguíneo y en caso de que no haya oportunidad de consumir más adelante.

6. **Negación:** Este indicador se abordará en mayor detalle en un capítulo posterior. Incluye la actitud defensiva con respecto al uso de sustancias adictivas y sus síntomas, así como las consecuencias de las acciones sobre uno mismo y los que nos rodean. Es como si el mundo se estuviera desmoronando a nuestro alrededor y dijéramos: "¿Problemas? ¿Qué problemas? ¡Todo está bien!" o si decimos: "¿Adicción? ¡Demonios, no! No soy adicto; estaré bien después de que termine con este gran proyecto. Lo que me está afectando es solo el estrés al que estoy sometido en este momento."

7. **Cambios de personalidad y cambios de estado de ánimo/ humor:** Arriba, abajo, arriba, abajo, arriba, abajo… Enojado, dulce, acaramelado; luego, enojado de nuevo. Malhumorado, temperamental, irritable, triste, hiperactivo, eufórico; y luego, de nuevo triste. En algunas personas, estos cambios son muy obvios. En otras, mucho más sutiles.

   Culpar: Por ejemplo, los pensamientos… "Es culpa de todos los demás." "Los hijos son demasiado consentidos." "El cónyuge no es lo suficientemente atento, ni sexy ni trabajador." "El jefe es un imbécil." "El médico que me examinó es incompetente." Con este síntoma, hay una tremenda incapacidad para aceptar la responsabilidad de la vida propia.

8. **Lagunas:** En el caso de las adicciones a sustancias químicas, estas ocurren cuando no podemos recordar lo que hicimos mientras estábamos bajo su influencia: no recordamos haber conducido a casa, ni cómo llegamos a la cama, ni lo que le

dijimos anoche a esa mujer durante la fiesta. Con otras adicciones, tenemos "lagunas separadas," es decir, nos disociamos mientras usamos sustancias o estamos preocupados y no recordamos las cosas. Soñamos despiertos, "nos elevamos" y "volvemos a la realidad" por un tiempo.

9. **Síntomas físicos:** Estos dependen de la adicción. Con las adicciones no químicas, los síntomas físicos son la mayoría de las veces trastornos de estrés, tales como dolores de cabeza, úlceras y otras similares.

10. **Actitudes rígidas/inflexibles:** Pensamientos "en blanco y negro"; intolerancia a las opiniones de los demás, compulsión, pensamiento de "todo o nada."

11. **Pérdida de valores personales:** Dejamos de cuidarnos a nosotros mismos a medida que avanza nuestra adicción. No nos cuidamos. Andamos con personas "inferiores" a nosotros. Nuestros límites se desvanecen y hacemos cosas que nunca hacíamos antes de que se acelerara nuestra adicción;, tales como cosas sexuales, desconsideradas, hirientes, e ilegales.

12. **Discapacidad y/o muerte:** La muerte se produce ya sea a través de una enfermedad física causada por un medicamento, un producto químico o por enfermedades relacionadas con el estrés, tales como cáncer, ataques cardíacos, accidentes cerebrovasculares o a través de un eventual suicidio. Sospechamos que un gran número de muertes de tráfico relacionadas con el alcohol, son una forma de suicidio.

Al observar la mayoría de los agentes adictivos, se puede establecer que generalmente hay dos factores involucrados en la adicción: *la adicción biológica o física y la adicción social/emocional.*

La mayoría de los expertos de hoy en día estarán de acuerdo, por ejemplo, en que muchos alcohólicos tienen una predisposición genética a volverse físicamente adictos al alcohol. La química del cerebro y la sangre de los alcohólicos es diferente a la de los que no son alcohólicos, incluso *antes* de que comienzan a consumir licor. También hay pruebas muy contundentes indicando que los alcohólicos metabolizan el alcohol de manera diferente a los no alcohólicos, produciendo una sustancia similar a los opiáceos en sus cerebros después de consumir alcohol.

Al observar las "adicciones al amor" es intrigante considerar el reciente descubrimiento de un neurotransmisor especial en el cerebro, que parece existir en cantidades mucho más altas cuando estamos "enamorados." Parece que los torrentes de energía, emoción y sentimientos de éxtasis y bienestar que surgen cuando nos enamoramos se deben, en gran parte, a esta sustancia neurotransmisora (los neurotransmisores son los químicos que envían el impulso eléctrico de un nervio a otro en el cerebro y otras partes del sistema nervioso). En el caso del enamoramiento, cuanto más de esta sustancia esté presente, más fuertes serán las sensaciones de euforia y bienestar.

A medida que la novedad de la relación desaparece, también lo hace la acumulación de esta sustancia, lo que resulta en aburrimiento, tristeza o incluso depresión, que por supuesto puede "curarse" enamorándose nuevamente. Tal vez algunas personas que se vuelven adictas a múltiples relaciones en serie, enamorándose y desamorándose todo el tiempo, en realidad son adictas, en parte, a esta sustancia neurotransmisora.

Los factores *sociales/emocionales* en la adicción parecen ser comunes para todos los agentes adictivos, independientemente de la química cerebral o la fisiología corporal, y son estos factores sobre los que tenemos mucho más control actualmente y en los que deseamos concentrarnos. En casi todos los casos, estos factores incluyen:

1. reducción temporal de la ansiedad
2. reducción temporal del estrés
3. sentimientos temporales de poder y bienestar
4. evasión de sentimientos verdaderos
5. evasión de los problemas cruciales de la vida y tareas de desarrollo
6. evasión de la intimidad

Debido a la naturaleza misma de los procesos adictivos, estos beneficios no son duraderos. El bienestar que sentimos mientras estamos borrachos desaparece, dejándonos en peor forma que cuando comenzamos a tomar el día anterior. Nos quedamos con resaca, tremenda culpa y vergüenza.

La reducción de la ansiedad o de aburrimiento que ocurre cuando salimos de compras a despilfarrar el dinero se va tan rápido como llega, dejándonos culpables, nerviosos, avergonzados y ansiosos por saber cómo pagaremos nuestras facturas del próximo mes.

Podemos tener una oleada de euforia y felicidad cuando salimos por la puerta a cumplir una cita con una persona a la que somos adictos pero, cuando esa cita termina y nos encontramos esperando que él o ella nos vuelva a llamar, cualquier sensación de falsa seguridad que podamos haber tenido desaparecerá muy pronto. En su lugar, habrá sentimientos de futilidad, ansiedad, frustración y desesperación. En simples palabras, estos agentes adictivos sirven para llenar los vacíos de desarrollo en nosotros, de manera rápida y temporal; cuando se usan frecuentemente, *nunca tenemos la oportunidad de llenar los vacíos de forma permanente.*

Múltiples anzuelos

Sandy era alcohólica y adicta a la comida. Frank era un adicto al trabajo, y durante la terapia, se evidenció que también era adicto al sexo. En nuestra experiencia clínica, es raro que alguien tenga una sola adicción.

De hecho, la razón de esto es simple. Las adicciones son realmente síntomas de una dependencia subyacente más profunda que evolucionó a partir de nuestros sistemas familiares durante la niñez. Cuanto más disfuncional haya sido la familia, más profundos son los problemas de dependencia subyacentes que existen en nosotros. Cuanto más profundos son los problemas subyacentes de dependencia, más impregnan todos los aspectos de nuestras vidas, porque el dolor dentro de nosotros es más duro y más aterrador. Por eso, se necesitan defensas más fuertes para negar ese dolor y tratar de ocultarlo de los demás. Es absolutamente lógico que una combinación de alcohol, comida, cigarrillos y perfeccionismo compulsivo sirva más para ayudarnos a ocultar nuestro dolor que usar solo la comida o el alcohol.

Recuerde además, que, incluso para un observador que no ha sido entrenado, es obvio que la persona que es adicta a todas estas cosas puede tener un problema. Pero para el adicto que no recibe mucha retroalimentación de otras personas, porque le tienen miedo, es fácil engañarse a sí mismo creyendo que nadie conoce "su secreto."

Por la misma lógica, lidiar con múltiples adicciones es lo mismo que lidiar con una sola. Una vez que vencemos la negación y defensas iniciales para tratar primero la adicción más dañina (por ejemplo, el alcohol), es mucho más fácil tratar las otras adicciones posteriormente, a medida que nos recuperamos de un estilo de vida adictivo. Una mujer alcohólica puede decirse a sí misma al principio: "Sé que tengo que dejar de consumir licor, pero sé que voy a tener que encontrar algo para reemplazarlo."

Después de estar un par de años en proceso de recuperación, es más fácil que ella piense acerca de dejar la próxima adicción. Como adictos, pensamos en qué cantidad y en qué tipo de agente externo podemos apoyarnos. Como participantes de programas de recuperación saludable, comenzamos a pensar en lo bien que estamos y cómo podemos volvernos aún más saludables. Es como si todo nuestro sistema lógico hubiera cambiado.

Es necesario hacer una advertencia en este punto. Al principio de la recuperación, es muy predecible que reemplacemos una adicción por otra. El adicto a la comida en recuperación puede comenzar a correr compulsivamente, solo para descubrir que correr no le está dando más paz interna que la comida. Esto simplemente significa que la recuperación es aún muy reciente y que la persona que la está experimentando debe trabajar aún más profundamente con el dolor subyacente. El objetivo de la recuperación es producir paz interior y una identidad clara, libre de agentes adictivos. El primer paso en la recuperación es eliminar el agente adictivo para que se pueda sentir, tocar, ver y tratar abiertamente la dependencia subyacente verdadera.

Interludio

Capítulo 5

El oso

Érase una vez un gran oso pardo que vivía pacíficamente en el bosque, cerca de un arroyo muy caudaloso. Le gustaba el lugar donde vivía, el aire fresco y limpio, la abundancia de peces que había en el arroyo cercano, la luz del sol moteada debajo de los altos pinos, los prados abiertos y los bosques fríos y húmedos. Pasaba cada día tranquilo bajo el sol, tendido junto al arroyo sobre su roca de granito favorita y meditando sobre el desafío que tenía de buscar comida y jugar con su pareja.

Un día, mientras caminaba sin prisa hacia el arroyo para tomar un trago de agua helada y limpia, algo sucedió. ¡Zas!, se escuchó un golpe fuerte. Sintió un dolor abrasador que penetraba su pie. Se lanzó hacia adelante para escapar, pero ¡zas!, se escuchó un golpe seco. Fue atrapado sobre el suelo por un par de mandíbulas de acero y una gruesa cadena metálica que estaba enterrada profundamente en el suelo.

"¡No!," Gritó el gran oso pardo. "Es una trampa para osos."

Sus patas no estaban realmente diseñadas para abrir los dientes de una trampa para osos y su cerebro no estaba realmente construido para resolver esto en absoluto.

Se encontraba en una terrible situación.

Después de varias horas de una dolorosa lucha, el gran oso pardo había destrozado su pie casi en pedazos. Había sangre por todas partes. Llamó a su pareja, quien finalmente escuchó sus gritos, pero no había nada que ella pudiera hacer. Así que se sentó pacientemente a su lado para consolarlo, llorando en silencio y esperando un milagro.

Finalmente, después de varias horas más, el oso pardo pudo sacudir su pie destrozado fuera de la trampa, y se arrastró tristemente lejos de ese lugar y de regreso al bosque. Su compañera se quedó un rato tratando de entender cómo le había pasado esto, pero no pudo averiguarlo. Su cerebro tampoco había sido diseñado realmente para resolver estas cosas.

Al final regresó a su guarida, donde el gran oso pardo cuidaba su pie destrozado lo mejor que podía. Se quedaron despiertos la mayor parte de la noche, analizando lo que les había sucedido ese día, pero ninguno de los dos pudo descifrarlo. De modo que, con la capacidad cerebral que tenían, simplemente decidieron no volver a ese lugar del bosque, y eso fue lo que hicieron.

Parte II
Raíces familiares

"Una forma segura, pero a veces fría, de recordar el pasado es abrir a la fuerza un cajón abarrotado. Si está buscando algo en particular, es posible que no lo encuentre, pero a menudo algo cae de la parte posterior que es más interesante."

J.M. Barrie; cita tomada de la dedicatoria escrita
en la primera edición del libro **Peter Pan**

Capítulo 6

Sistemas familiares
Estructura, función, roles y límites

Quizás la contribución más importante para comprender la dinámica subyacente de los "Problemas de los Niños Adultos" ha
venido del campo de los sistemas familiares (por ejemplo, Bowen,
1978; Minuchin, 1974; y Satir, 1967). Debido a su importancia, queremos pasar algún tiempo repasando los conceptos básicos de los sistemas familiares, con el fin de que usted empiece a tener un esquema
para comprender lo que sucedió en su familia.

Cada sistema tiene una *estructura* y una *función*. Nuestro sistema
nervioso está conformado por el cerebro, la médula espinal y los
nervios que llevan mensajes hacia y desde el cerebro. Su función es
permitir que la comunicación tenga lugar dentro del cuerpo y entre
el cuerpo y el mundo exterior. El sistema circulatorio está compuesto
por el corazón, las venas, las arterias y los capilares sanguíneos; su
función es circular la sangre en todo el cuerpo para entregarle alimentos a las células y retirar sus desechos. Toda empresa u organización también tiene una estructura que incluye a un presidente, un
vicepresidente, gerentes, otros empleados, etc. Su función depende
del objetivo corporativo de la empresa.

Por ejemplo, su función puede ser producir televisores, venderlos, obtener ganancias y proporcionar empleos para sus empleados y bienes para que la sociedad los compre.

Cada familia también tiene una estructura y una función. La *estructura de* un sistema familiar está conformada por sus miembros individuales, incluyendo a los padres, hijos, abuelos, tías, tíos y tal vez otros que han vivido con la familia durante un período prolongado de tiempo. Parte de la estructura familiar también incluye los límites y las relaciones entre los miembros como, por ejemplo, a quién se le permite comunicarse con quién y así sucesivamente. Una familia en la que el papá está más cerca de la hija mayor que de la mamá tiene una estructura muy diferente a una en la que el papá está más cerca de la mamá, aun cuando el número de miembros de la familia sea el mismo.

Cuando un terapeuta le ayuda a usted a construir un genograma de su sistema familiar, él le está ayudando a descubrir la estructura de su familia (McGoldick & Gerson, 1985).

En el siguiente capítulo, le proporcionaremos un ejemplo de un genograma simplificado que les ha ayudado a decenas de nuestros clientes a comenzar a comprender lo que les sucedió a medida que crecían en sus familias. Pero, por ahora, nos gustaría ofrecerle la analogía utilizada por la terapeuta familiar reconocida a nivel internacional Virginia Satir, que fue desarrollada posteriormente por su estudiante y colega, Sharon Wegscheider-Cruse (Wegscheider, 1981), quien ha sido muy conocida por su trabajo con sistemas familiares farmacodependientes.

La analogía es la de un *móvil*. Imagínese un móvil suspendido del techo de su sala. Observe la manera cómo todas las piezas separadas están suspendidas mágicamente en delicada armonía y equilibrio entre sí. Aunque cada parte del móvil puede ser una pieza separada y frágil de cristal o metal pulido, el móvil en su conjunto parece ser uno en sí mismo… una hermosa obra de arte. Si usted choca contra algún elemento del móvil, este puede moverse con una explosión de energía y un movimiento impredecible, pero no se mueve por sí mismo. Aunque parece ser una pieza separada y solitaria de cristal o metal, el elemento está conectado al resto del móvil por un cable o una cuerda. Y, por ende, cualquier energía que este reciba será transmitida al resto de la pieza, aunque el efecto sea sutil y casi imperceptible.

En otras palabras, lo que le sucede a una parte del móvil afecta a las otras del mismo. Si usted deja de chocar con el móvil, otra cosa muy predecible sucederá. Cada una de sus piezas individuales y autónomas volverá exactamente al mismo lugar en el que estaba antes de que usted chocara con él. El móvil es una obra de arte completa que "quiere" ser lo que es, conforme a lo que "debería ser" y tener la forma que estaba "destinado a tener." Así que vuelve a su forma original, colgando silenciosamente donde se inició, un todo conformado por partes individuales, cada una instalada en su propio lugar, llevando a cabo su función de darnos gozo y un sentido de belleza. Esta es realmente una metáfora brillante que Satir nos proporciona.

El móvil nos dice mucho sobre los principios de los sistemas. Como, por ejemplo:

1. Los sistemas tienen una estructura definida en sí mismos. Cada pieza del móvil tiene su lugar. No sería el "mismo" móvil si reorganizáramos las piezas.
2. El todo es mayor que la suma de las partes. El móvil es más que solo pedazos de cuerda o alambre y trozos de metal o cristal. Es una obra de arte con identidad propia, definida por la manera como todas las piezas están dispuestas.

3. Cualquier cambio que se realice en una pieza del sistema afecta a todas las otras piezas del mismo (pero no necesariamente de la misma manera).

4. Los sistemas siempre intentan volver a su estado original. Este es el principio de la homeóstasis dinámica o el equilibrio. No será el "mismo" móvil, a menos que después de chocar con él, este vuelva al mismo lugar que estaba antes de hacerlo.

El sistema familiar malsano y nocivo

Veamos un ejemplo que es más fácil de aplicar a nuestros casos. Hagamos de cada pieza de ese móvil un miembro de una familia, en lugar de una pieza de metal o cristal. Una de estas piezas es papá, que trabaja muy duro y también ve mucha televisión. Otra pieza es mamá, que trabaja mucho y se preocupa por los hijos. Otra es el hijo mayor, que obtiene buenas calificaciones y es el mejor en su escuela secundaria. Una cuarta es la hermana del medio, que es "agradable," tranquila y elogiada por "no ser una molestia." Por último, está el hermano menor que es simpático, fresco y divertido. Este móvil es equilibrado. Tiene una estructura. Es una familia que es más que un papá o una mamá o un hermano mayor, una hermana del medio o un hermano menor. Y, al igual que en todos los sistemas, si un miembro es "golpeado," todos sus miembros se ven afectados. Y cuando uno de ellos es "golpeado," todos, inconscientemente y sin malicia, tratan de volverlo(a) a su lugar.

Así que papá trabaja y ve la televisión, mamá trabaja y se preocupa. Papá y mamá no se cuidan a sí mismos. Papá y mamá no nutren su matrimonio. El hijo mayor trabaja cada vez más duro para obtener buenas calificaciones y ser una estrella en el campo de fútbol.

La hija del medio trabaja cada vez más para encajar, ser "agradable" y no llamar la atención. El hijo menor se vuelve cada vez más y más simpático.

Papá y mamá comienzan a sentirse vacíos en su matrimonio. Pierden el contacto entre sí. Esto crea estrés. Nadie habla de esto. El estrés permanece. Mamá se preocupa más por los hijos. Papá ve más televisión. El hijo mayor gana más honores. La hija del medio se vuelve más amable. El hermano menor se da cuenta del estrés matrimonial y se emborracha con sus amigos de octavo grado. Papá se preocupa y mamá mucho más. El hermano mayor obtiene otra calificación "A" para asegurarse de que la familia esté bien, a pesar del estrés. La hermana del medio se vuelve más amable, muy callada y trata de encajar más. Y, entonces, el hermano menor es sorprendido consumiendo drogas.

¡El móvil ha sido golpeado! Algo está causando caos. Sabemos lo que es. Podemos arreglarlo. Somos un sistema. Somos una familia. ¡Vamos a unirnos y acercarnos más; a identificar el problema, analizarlo, resolverlo, discutirlo y hacer una lista de opciones; reunirnos, concentrarnos, y solucionar este problema! El hermano menor está pasando por un caos y no lo dejaremos solo con él. Vamos a ayudarlo. Y así lo haremos. Buscaremos una terapia para nuestro hermano menor.

Debido a que nos importa nuestro hermano menor, aceptamos ir a terapia familiar con él porque eso es lo que el consejero recomienda... todos juntos. El consejero trata de observar todo el sistema familiar. Él o ella comienza a enfocarse en mamá y papá. Nos preguntamos, "¿Por qué? Solo queremos que se mejore el hermano menor. ¡No hay nada malo con nadie más en la familia! Porque, mira no más al hermano mayor: ¡es tan exitoso! Sólo mira a la hermana del medio: ¡ella es tan amable! Mira lo trabajadores que son mamá y papá. No. El del problema es sólo el hermano menor. ¡Por favor, cúrelo a él!"

Pero el problema no es solo el hermano menor. Sin embargo, no podemos ver eso, y por lo tanto acabamos la terapia para reducir la ansiedad que nos causa el hecho de tener que mirarnos a nosotros mismos.

El hermano menor sigue portándose mal. Eventualmente se vuelve farmacodependiente o lo suficientemente ocioso o roba lo suficiente como para tener que ingresar a algún tipo de tratamiento hospitalario. Mientras está allí, comienza a sentirse mejor porque alguien lo escucha, alguien le está pidiendo que sea responsable de su propio comportamiento sin ponerlo en un sistema disfuncional al mismo tiempo.

Treinta días más tarde, el hermano menor está mucho mejor. Vuelve a casa. Todos piensan que los problemas han terminado. Pero no es así, porque nadie más en el sistema ha trabajo para resolver sus problemas. Papá y mamá no han tratado de solucionar la inestabilidad matrimonial. El hermano mayor no ha examinado qué carga tan grande es el tener que ser una "estrella" todo el tiempo. Y la hermana del medio no ha observado el enorme precio que está pagando por ser "amable" siempre. Así que lo más probable es que el sistema vuelva a su estado original. Lo cual, en este caso, significa que el hermano menor continuará brindando su servicio a la familia, el cual consiste en mostrar el dolor familiar para que nadie más en el sistema tenga que admitir que algo malo está ocurriendo.

Esto sucede todo el tiempo, a menos que toda la familia eventualmente obtenga ayuda. El hermano menor seguirá portándose cada vez peor hasta que crezca, se vaya de casa y obtenga ayuda o hasta que lo metan a la cárcel, muera de alcoholismo, por suicidio o en un accidente automovilístico por su imprudencia. Si tiene suerte, cuando salga de casa intentará obtener ayuda por su cuenta.

Si la familia aún se resiste a involucrarse en el tratamiento, su terapeuta le recomendará al hermano menor que se mantenga alejado de ella tanto como sea posible y que desarrolle un nuevo sistema familiar para reemplazar el antiguo que es disfuncional. Este nuevo sistema puede ser un grupo terapéutico, un grupo de "12 Pasos," tal como los de A.A., Al-Anón, AcoA o algún otro sistema de apoyo estructurado que siga un conjunto funcional de normas en las que él no tenga que "sentirse loco" para encajar.

Lo que sucede hoy en día, en la mayoría de los casos y con mayor frecuencia, es que toda la familia se involucra en el tratamiento y no sólo por el bien del hermanito menor. Los terapeutas eminentes y el público instruido están ayudando a las familias a entender que problemas como estos son realmente síntomas de los problemas que tiene todo el sistema familiar y que, cuando uno de sus miembros muestra un problema grave de ajuste, eso significa, en la mayoría de los casos, que todos los demás miembros también están experimentando problemas. Es solo que las defensas y roles de estos otros miembros de la familia son más aceptables socialmente y menos problemáticos en la superficie.

El sistema de la familia saludable

La pregunta obvia ahora es: ¿Qué sucede en un sistema familiar saludable? Los sistemas saludables, también experimentan estrés y tienen problemas. Salud mental no significa, de ninguna manera, la ausencia de problemas. Salud mental significa tener la capacidad para manejar los problemas de una manera saludable. Un sistema familiar saludable también es como un móvil aunque las normas, los límites, los roles y las interconexiones entre los miembros de la familia son diferentes.

En el ejemplo presentado anteriormente, en un sistema familiar saludable, papá y mamá probablemente se sentarían un día y se dirían el uno al otro: "Sabes, me he sentido sobrecargado de trabajo y un poco distante de ti estas últimas semanas, y eso no me gusta. De hecho, me asusta un poco. No me gusta lo que nos está pasando a nosotros y a nuestra familia. Creo que tenemos que hacer algunos cambios."

Papá podría decir: "Sí, he estado en una rutina últimamente. Trabajo, trabajo y más trabajo… y, luego, me siento frente a la televisión toda la noche."

Mamá podría decir: "Paso demasiado tiempo preocupándome por los hijos, pero sin hacer nada al respecto."

Entonces, ellos deciden cambiar algunas cosas en su matrimonio. Pasan más tiempo juntos y sin encender la televisión. Tal vez, comparten parte del trabajo de la casa. Luego, hablan con sus hijos sobre los cambios que han estado haciendo y les preguntan cómo se encuentran.

Debido a que ya han reconocido y admitido sus propias tensiones y luego han hecho algo para cambiar la situación, les están dando un mensaje poderoso, claro y saludable a los hijos… que está bien cambiar, que está bien admitir que se tienen problemas, y que está bien buscar soluciones. No es necesario predicar y exigir en este caso.

A través de su propio comportamiento, papá y mamá hacen que sea muy fácil para los hijos expresar sus miedos, necesidades y deseos.

El hermano mayor podría decir: "Sí, yo también he estado trabajando demasiado. Es divertido ser exitoso, pero necesito más tiempo sólo para socializar, es decir, para tener más amistades... hacer las cosas simplemente por placer."

La hermana del medio podría decir: "¡Todos mis amigos dicen que soy muy amable! Pero a veces creo que se aprovechan de mí porque soy demasiado amable. Eso me enfada. Creo que ser amable todo el tiempo no es bueno para mí."

Y el hermano menor es libre de decir algo como, "Estoy cansado de que todos me traten como un juguete. Soy pequeño, pero no soy un juguete. Yo también tengo derechos y sentimientos, y quiero ser más responsable de las cosas que ocurren aquí."

¿Suena esto inverosímil, imposible, forzado? No lo es. Debido al espacio y el tiempo, hemos omitido algunos detalles de la manera como una familia sana negocia estos cambios, pero lo que acabamos de presentar aquí es exactamente el tipo de proceso que ocurre durante un período de tiempo en una familia sana. Las personas que son básicamente responsables del funcionamiento del sistema familiar, los padres, hicieron algunos cambios saludables y esos cambios reverberaron a través del sistema de una manera saludable; así como en el primer escenario, la negación malsana de los problemas-reverberó a través del sistema, terminando en lo que se llama el "chivo expiatorio" del hermano menor.

Funciones de la familia

La familia tiene varias funciones, al igual que cualquier otro sistema. Muchas de estas funciones satisfacen las necesidades de los miembros de la familia. *Por ejemplo, existen funciones de mantenimiento en las que se satisfacen necesidades básicas como de provisión de* alimentos, ropa y vivienda. Cuando el horno se descompone, alguien lo arregla. Cuando la ropa ya no nos queda, alguien compra ropa nueva. Cuando tenemos hambre, alguien nos alimenta.

La familia suple estas necesidades de diferentes maneras. A veces, uno de sus miembros proporciona el dinero necesario para comprar la mayoría de estas cosas. Otras veces, todos los miembros de la familia se involucran en la provisión de estas necesidades básicas de mantenimiento.

La familia también debe proporcionar seguridad, calidez y el cuidado de sus miembros. En un sistema saludable, los miembros de la familia se cuidan unos a otros, tienen contacto físico apropiado, se ríen, lloran juntos, comparten sus alegrías y se protegen mutuamente contra cualquier daño.

Como lo ha señalado el psicólogo Abraham Maslow, también tenemos necesidades de amor y pertenencia que son bastante similares a las que acabamos de mencionar. Necesitamos tener sentido de comunión y pertenencia a un grupo o unidad, y de ser amados e incluidos. Una familia sana y funcional también suplirá estas necesidades.

También tenemos la necesidad de autonomía o separación. Una familia sana permitirá que sus miembros sean en gran medida autónomos, dependiendo de su edad. A los niños se les permitirá descubrir lo que les gusta y lo que no les gusta del mundo, y lo que quieren hacer para ganarse la vida. Se les permitirá tener privacidad y un sentido de singularidad así como de pertenencia. Los padres podrán cambiar de opinión sobre sus carreras, roles, etc. a medida que cambien sus necesidades o sus personalidades y se desarrollen a través del tiempo. A los padres y a los hijos se les permitirá amarse unos a otros sin involucrarse o entrometerse en sus vidas.

Las familias también tienen la función de promover la autoestima o un sentido de valor en cada miembro de la familia. Esto se hace mediante elogios, en lugar de críticas, y mediante el desarrollo saludable de habilidades, en lugar de presión implacable y la exigencia de un perfecto desempeño. Creemos que todas las personas tienen valor y realmente algo importante y trascendental qué ofrecerle al mundo y a la familia. Una familia sana permitirá que cada persona encuentre y tenga ese sentido de valor, dignidad y mérito personal.

Las familias también pueden cometer errores. ¡Así es! Los sistemas sanos tienen espacio para los errores e imperfecciones humanas. De vez en cuando somos traviesos y eso está bien. Podríamos llamar a esto la "función de desahogo." ¡Piense en un sistema de calentamiento de vapor sin una válvula de liberación de presión! Eso no sería bueno, ¿verdad?

Las familias pueden divertirse. Podemos ser tontos, juguetones, creativos y "bajar la guardia." Este es el tipo de pensamiento del "proceso primario" del que habló Freud y que los analistas transaccionales denominan "El Niño." Las familias que permiten que el juego sea una función importante tienden a ser mucho más creativas para resolver sus propios conflictos y tensiones.

Las familias también tienen espiritualidad. Nos guste o no, la espiritualidad es una función muy importante que nos proporciona la familia. No estamos hablando de religión formal aquí porque conocemos a algunas personas muy espirituales que no pertenecen a una religión formal, algunas que sí pertenecen a una religión y viceversa. Por espiritualidad, nos referimos a nuestra relación con la creación, con el universo, con lo inefable, con lo inexplicable que hay a nuestro alrededor, con un poder superior, con el cosmos o como sea que se le describa. Las personas que aprenden a dejar ir lo que no es importante y a perseverar con lo que sí es importante pueden hacerlo muy a menudo como resultado de su espiritualidad.

Hay otras funciones que una familia puede desempeñar para ayudar a sus miembros, pero detengámonos aquí y veamos qué sucede cuando ésta es disfuncional. Lo que sucede entonces es que nos quedamos atrapados en roles disfuncionales.

Roles disfuncionales

Esas necesidades y funciones que acabamos de enumerar son cosas que cada miembro de la familia debería estar recibiendo. En una familia disfuncional, esas funciones a menudo se dividen y delegan a un miembro específico de la familia. Echemos un vistazo a algunos de los roles familiares disfuncionales que son desarrollados (Wegscheider- Cruse, Satir, Kellogg).

El hacedor

El hacedor hace muchas cosas. El hacedor realiza la mayoría o todas las funciones de mantenimiento en la familia; se asegura de que los hijos tengan vestido y alimentación, paga las cuentas, plancha las camisas, cocina la cena, y lleva a los hijos a las prácticas de béisbol y a las clases de violín. Hace muchas cosas. Pero debido a que es una familia disfuncional, eso es todo lo que el Hacedor tiene tiempo o energía para hacer. Así que él se siente cansado, solo, desatendido y vacío; piensa que otros se están aprovechando de él. Pero tiene mucha satisfacción de haber hecho sus tareas. La familia anima al Hacedor, ya sea directa o indirectamente, a realizarlas. La propia culpa malsana del Hacedor y su sentido de responsabilidad, que es excesivamente desarrollado, hacen que él o ella siga adelante.

El facilitador, ayudante, amante

El facilitador proporciona todo el apoyo afectivo y sentido de pertenencia en la familia. A veces esta persona también es el hacedor y otras veces no. El objetivo final del facilitador, ayudante, amante es el mantener a todos juntos, preservar la unidad familiar a cualquier costo (incluyendo la violencia física o incluso la muerte), tratar de resolver situaciones donde se han herido susceptibilidades y evitar conflictos. El miedo al abandono y a que otros miembros de la familia no puedan valerse por sí mismos, es lo que a menudo motiva el desempeño de este papel.

El niño perdido y solitario

Como lo describe Wegscheider-Cruse, el "Niño Perdido" se ocupa de la disfunción familiar, escapando. Pero en realidad, en cierto sentido, este niño (o padre) se ocupa de las necesidades que tiene la familia de separación y autonomía. Este es el niño o niña que permanece mucho tiempo solo en su habitación o afuera en el bosque jugando solo(a). Él o ella está solo(a), pero no es una soledad saludable; es una profunda soledad que penetra en quienes tienen este rol.

El héroe

El héroe le proporciona autoestima a la familia. Estudia derecho en la universidad y se convierte en un abogado conocido a nivel internacional, pero secretamente se siente horrible porque tiene una hermana en un hospital psiquiátrico y uno de sus hermanos murió de alcoholismo. El lleva la bandera familiar para que todo el público la vea; hace que la familia se sienta orgullosa, pero a un precio terrible, en términos de su propio bienestar.

La mascota

La mascota es a menudo uno de los hijos más pequeños de la familia. Les proporciona humor y alivio cómico a los miembros de la familia; les da sentido de diversión, juego o insensatez con un tipo de "alegría" distorsionada.

El costo que paga la mascota es que nunca expresa sus verdaderos sentimientos de dolor y aislamiento, y sigue siendo un lisiado emocional, hasta que ingresa a un programa de recuperación propio.

El chivo expiatorio

El chivo expiatorio puede representar toda la disfunción de la familia y, por lo tanto, asume la culpa y presión familiar. Se vuelve drogadicto o roba, es la "oveja negra," se mete en muchas peleas, tiene un comportamiento sexual inapropiado, etc. La familia empieza a decir, "Si el hermano menor no fuera delincuente, seríamos una familia saludable." El costo que asume el chivo expiatorio es obvio.

La princesita de papá y el hombrecito de mamá

Este papel, como discutiremos más adelante, es una forma severa de abuso emocional que muchos profesionales denominan *incesto emocional o encubierto*. A los hijos les gusta desempeñar este papel, a través del cual el niño o niña se convierte en "un cónyuge pequeño" de uno de los padres del sistema. Sin embargo, este niño no puede ser "niño," sino que en realidad es seducido a desempeñar este papel por un padre que tiene demasiado miedo y es muy disfuncional para dejar que sus necesidades sean satisfechas por otro adulto. A quienes se nos dio este papel, generalmente terminamos abusados física o emocionalmente por otros en nuestras relaciones adultas, debido a que nuestros límites no fueron respetados cuando éramos pequeños.

El santo, sacerdote, monja o rabino

Este es el niño que expresa la espiritualidad de la familia y se espera que se convierta en sacerdote, monja, rabino o monje y que no sea sensual. A menudo, la expectativa nunca se expresa en palabras, sino que está implícita, y es sutilmente reforzada y alentada. Este niño es moldeado inconscientemente para que crea que él o ella sólo tendrá valor si practica la espiritualidad por la familia y que, si no lo hace, tendrá poco o ningún valor.

Existen muchos otros roles disfuncionales que podemos identificar, y la mayoría de nosotros tomamos diferentes roles en forma cíclica a medida que crecemos en nuestras familias. Un "niño perdido y solitario" también puede ser un "chivo expiatorio." "La mascota" puede convertirse en "el héroe" más adelante.

La gente a menudo nos pregunta: "¿Pero estos roles no están también presentes en una familia saludable?" Nuestra respuesta es siempre "¡No!" Lo que sí existe en una familia saludable son los diferentes tipos de personalidad. Claro, una persona puede ser tímida, mientras que otra es fuerte y sociable. Investigaciones recientes sugieren claramente que esto se debe a diferencias genéticas entre los miembros de la familia.

¿Pero, ser tímido significa estar aislado y solo? ¿No existe alguna manera en que una familia sana proporcione todas esas necesidades a un niño tímido? Por supuesto que sí. Un niño tímido puede aún sentirse amado y sentir que pertenece. Ciertamente puede tener un sentido de aceptación y valor o cometer errores sin ser maltratado por ello. Puede ser una persona individual sin sentirse solo. Puede ser espiritual y divertirse. ¿Acaso no se divierten las personas tímidas?

Lo que hace que estos roles sean disfuncionales es el hecho mismo de que son roles. En las familias sanas no nos encasillan en un pequeño guion. Si una "persona tímida" (como la llama Garrison Keillor de la Radio Pública de Minnesota) empieza a "hacer ruido" de vez en cuando, ¿quién la va a avergonzar por ello? ¿Quién va a decir, "Oye, chico, tu papel es ser tímido y callado. Así que cállate y quédate quieto para no molestar al móvil."? ¿Le haría eso una familia sana a un niño tímido? ¡Nunca! Únicamente una familia disfuncional lo haría.

Límites

Aquí estamos hablando de límites psicológicos y sociales, aunque en principio son similares a los límites físicos alrededor de una propiedad, ciudad, estado o país. Para nuestros fines, veremos tres tipos de límites:

1. Límites individuales
2. Límites intergeneracionales
3. Límites familiares

Dentro de cada tipo, podemos tener tres estados de los límites:

1. Límites rígidos (demasiado fuertes)
2. Límites difusos (demasiado débiles)
3. Límites flexibles (saludables)

Todos los seres humanos debemos tener un límite claramente definido a nuestro alrededor que funcione como una valla psicológica, definida por nosotros mismos. Este límite individual permite que ciertas cosas entren en nuestras vidas y mantiene otras fuera de ellas.

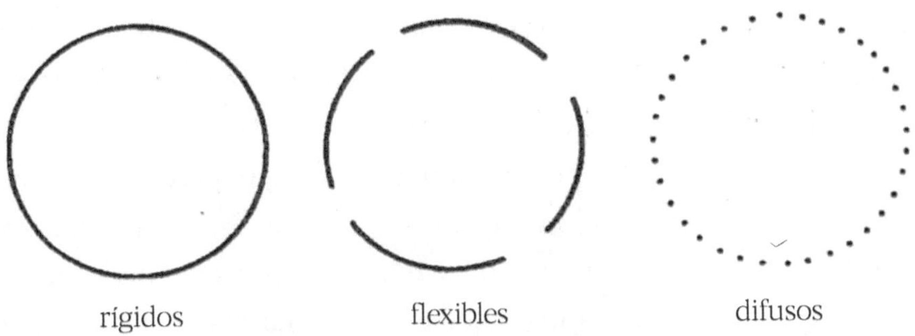

Figura 6.1. Límites individuales

Cuando alguien me pide que le ayude a pintar su casa un sábado y decido que quiero utilizar este día para descansar y relajarme, me estoy poniendo un límite. Cuando la persona insiste y luego recurre a la culpa y manipulación, está tratando de transgredir el límite que he establecido. Está tratando de invadir mis límites. Esto sería *una invasión de mis límites individuales.*

Del mismo modo, si alguien trata de tener relaciones sexuales conmigo después de decirle que no quiero, esto sería una invasión de límites individuales.

Si mis límites son demasiado *débiles,* siempre dejaré que cualquiera me haga lo que desee con o sin mi consentimiento. Nunca puedo decir que no. Si hago esto por un tiempo suficientemente largo, desarrollaré serios problemas emocionales y eventualmente, me inclinaré hacia el extremo opuesto y estableceré límites totalmente rígidos, en los que nada entre y nada salga *de mí* hacia otras personas. Me convierto en un ermitaño emocional que vive en una isla totalmente solo. Nadie puede invadir mis límites ahora, pero entonces, ¿a quién le importa? No hay nadie en absoluto en mi vida.

Después de meses o años en que un amigo(a) o amante invada mis límites, yo podría gritar con desesperación: "No, egoísta, manipulador, bastardo, no te ayudaré a pintar tu casa este sábado ni nin-gún otro sábado. ¡De hecho, ya no quiero tu amistad y no quiero que vuelvas a acercarte a mi casa!"

Este límite rígido me protegerá por un tiempo, pero el costo será demasiado alto. Eventualmente me sentiré tan solo y aislado, que permitiré que el péndulo pase al extremo opuesto cuando menos lo espere. Aprovecharé, por pura soledad, cualquier oportunidad que se me presente para ayudar a alguien nuevamente, con la esperanza de hacer una nueva amistad. Pero con mi propio crecimiento reprimido, es probable que esa persona me use hasta que yo vuelva a explotar.

En las familias disfuncionales oscilamos de un lado a otro, entre límites rígidos y difusos, con la esperanza de encontrar algún tipo de equilibrio. El único equilibrio verdadero ocurre, sin embargo, cuando estamos en medio de este vaivén, cuando tenemos límites flexibles. Con estos, podríamos decir, "Sabes, me encantaría ayudarte en algún momento, pero esta ha sido realmente una semana difícil para mí. Voy a tener que declinar."

Suena tan simple pero no lo es. ¿Cuántas veces ha puesto usted las necesidades de otra persona antes que las suyas, solo para lle-gar al punto de agotamiento poco después? ¿Cuántas veces se le ha ocurrido una buena excusa para justificar que no tiene que cuidarse primero?

"Sí, estoy agotado; pero después de todo, él es mi mejor amigo." Bueno, si realmente es su mejor amigo, lo entenderá y lo respetará por establecer sus propios límites.

Creemos que la razón subyacente por la cual no podemos esta-blecer estos límites saludables es que tememos desesperadamente ser abandonados si decimos "No." Consideramos que el miedo al aban-dono es la dinámica principal sobre la que yace el comportamiento más dependiente y adictivo, y que la forma como nos volvemos así tiene mucho que ver con los otros dos tipos de límites que ya explicamos.

Los límites intergeneracionales son aquellas líneas invisibles que existen entre los padres u otros adultos de la familia, y los hijos.

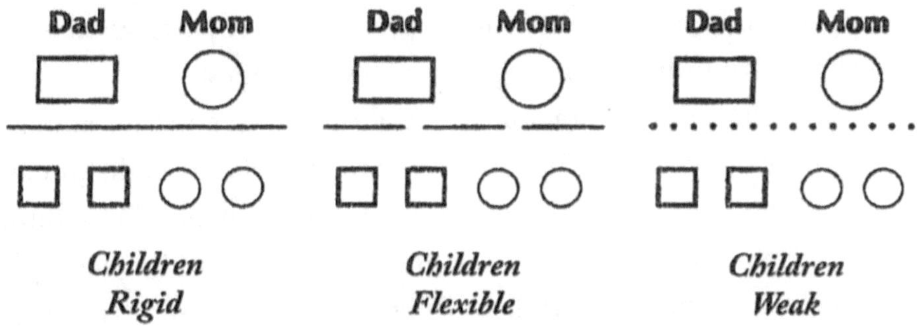

Figura 6.2. Límites intergeneracionales

inglés	español
Dad	papá
Mom	mamá
Children Rigid	hijos rígidos
Children Flexible	hijos flexibles
Children Weak	hijos débiles

Si nuestros padres tienen dificultad para expresarnos sus sentimientos, si no saben cómo mostrar amor, si sus propios límites individuales son demasiado rígidos, entonces este límite intergeneracional también será demasiado rígido. Siempre nos sentiremos solos como hijos. Nuestros padres nunca estarán "allí" para nosotros, ya sea física, emocionalmente o ambos. Nunca jugarán ni empatizarán con nosotros. No parecerá que les importemos. Se sentirá como si estuvieran distantes y separados de nosotros. En nuestras familias se sentirá que todo es frío y vacío. En algunas familias, estos límites intergeneracionales permanecerán rígidos la mayor parte del tiempo. En otras, *a veces*, se inclinarán hacia el extremo opuesto. Aún en otras, permanecerán en el extremo opuesto *la mayor parte del tiempo*, es decir, existirán límites intergeneracionales débiles.

Con límites intergeneracionales débiles, la línea entre los adultos y los hijos es poco clara. Esto es muy común en familias disfuncionales y es más evidente en las que existe incesto. Cuando los adultos tienen relaciones sexuales con sus hijos, los límites individuales de los hijos son ciertamente violados, pero también lo son los límites entre adultos y niños. Cada vez que ponemos a nuestros hijos a desempeñar el papel de adultos, estamos cruzando este límite.

El incesto emocional es más común que el incesto físico propiamente dicho. Con el incesto emocional, convertimos a nuestros hijos en "pequeños cónyuges" para nuestro beneficio. Nos refugiamos en ellos para obtener apoyo. También compartimos nuestros problemas más profundos con ellos. Los llamamos "el pequeño hombrecito de mamá " o "la pequeña niña de papá." Les pedimos que nos suplan las necesidades emocionales que tenemos pero no podemos satisfacer por nuestra cuenta. Les pedimos que nos den todo lo que ellos necesitan como hijos. ¿Es esto una locura? No solo lo es, sino que también produce niños pequeños muy enfermos.

Por ejemplo, vemos que este tipo de invasión de límites intergeneracional ocurre justo después de un divorcio. Las mamás y los papás se aferran a sus hijos para recibir el apoyo emocional que necesitaban de sus cónyuges. Y dado que esto hace que los hijos se sientan muy importantes y poderosos y, debido a que ellos mismos son tan vulnerables, los hijos se convierten en las víctimas perfectas de este tipo de incesto emocional. Esto le roba al niño su infancia, la sensación de seguridad y protección; y le enseña que la única forma como puede satisfacer sus necesidades importantes es siendo una víctima. Sobre todas las cosas, la violación de límites nos enseña a ser víctimas.

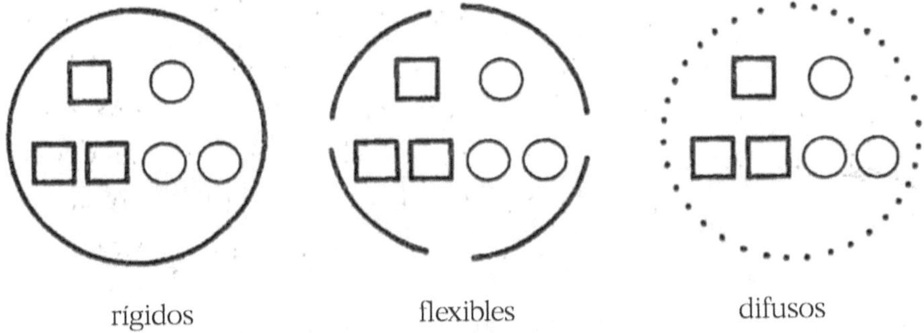

Figura 6.3. Límites familiares

Los límites familiares son aquellos que rodean a la familia como una unidad completa. En un sistema familiar cerrado donde la norma de "no contar" está en plena vigencia, hablamos de límites familiares rígidos. Es "nosotros contra el mundo."

Esto ocurre, por ejemplo, cuando la pequeña Suzy corre a casa para decirle a mamá cuánto se divirtió en la casa de Karen porque la madre de Karen les enseñó a hornear pan, y la madre de Suzy le responde con frialdad, enojo o sarcasmo, "Si te divertiste tanto con la madre de Karen, ¿por qué no te vas a vivir allá?" Cuando vemos a todos nuestros amigos reuniéndose para una "fiesta de pijamas," también queremos tener una en nuestra casa; pero, por supuesto, con límites familiares rígidos esto no es posible. Rara vez vemos a otras personas en la casa. Es como si toda la familia estuviera sola en una isla. Se vuelve muy solitaria y, finalmente, muy malsana.

Con límites familiares difusos, la familia no tiene ningún sentido de unidad en absoluto. Las personas salen y entran. Nadie parece estar "a cargo." No hay límites o normas claras. No se siente en absoluto que sea una familia. Es más, sus miembros son como un montón de moléculas que deambulan sin rumbo, ocasionalmente chocando entre sí, pero sin poder definir dónde termina la familia y comienza el resto del mundo. Esta situación podría definirse muy bien como "caótica."

Piense en su propia familia, cómo funcionaba cuando usted estaba creciendo. Luego, piense en el patrón de la familia y amigos que tiene actualmente. ¿Ve alguna similitud?

A medida que avanzamos a los siguientes capítulos, tenga en cuenta estos principios de los sistemas familiares, porque nos hablan de las trampas de las que debemos escapar si queremos recuperarnos realmente de los síntomas de ser *Niños Adultos*.

Capítulo 7

Se colocan las trampas

¿Es suficiente poder definir cuáles son nuestros síntomas? No lo creemos así. No creemos que así sea porque sabemos que no basta con tener esta información. Nuestros clientes no mejoran simplemente por tener información. Los sistemas de negación no cambian solo con información. Los sentimientos no salen solo con información. Lo que también necesitamos entender es *el proceso* por el cual se adquirieron estos síntomas. No sucedieron de la noche a la mañana. No nos despertamos simplemente un día y descubrimos que ahora estamos viviendo una vida dolorosa. Es un proceso que tarda mucho, mucho tiempo en suceder.

La historia de Bill

A la edad de 38 años, Bill Hopkins inició un tratamiento para superar su adicción sexual[2] tras una intervención a la que asistieron su esposa, sus dos socios de la firma de contabilidad que él fundó, su hermana y un amigo suyo.

---

[2] Para realizar una excelente discusión sobre la adicción sexual, véase el artículo de Patrick Carnes titulado *"Out of the Shadows"* (Saliendo de las Sombras) y de Ken Adams titulado, *"Sexual Addiction and Covert Incest"* (Adicción Sexual e Incesto Encubierto) incluidos en "Focus On Chemically Dependent Families (Enfoque en Familias Farmacodependientes), mayo / junio del 1987.

Dos años antes de la intervención, la esposa de Bill se empezó a preocupar por su mal comportamiento sexual. Ella comenzó a hacerle comentarios regulares sobre el tema, poco después de eso. Como suele ser el caso, Bill lo desestimó, primero con un movimiento de su mano, diciendo: "Querida, si realmente tuviera un problema, haría algo al respecto. En verdad, cariño, por un momento, ocúpate por otra cosa." Sin embargo, Anita siguió preocupándose.

Varios meses después, la situación escaló a la siguiente etapa. La participación de Bill en pornografía y masturbación aumentó, a medida que crecía la presión que sentía por la expansión de su negocio. Se asoció con un socio junior, pero esto no le ayudó con su adicción. Bill se distanció de Anita y sus interacciones con ella se volvieron frías y superficiales. Además se convirtieron en acaloradas peleas y debates. La fricción en su matrimonio se volvió muy intensa, hasta que un viernes por la noche la trampa se disparó por completo a su alrededor.

Anita había salido con una amiga a cenar, lo que había empezado a hacer cada vez con mayor frecuencia por su frustración e impotencia. Cuando entró por la puerta a las 9:30 de la noche, Bill le dijo que había contraído una enfermedad venérea y que no podía tener relaciones sexuales con ella por un tiempo. Anita empacó una maleta, regresó a la casa de su amiga y pasó el fin de semana con ella. El lunes por la mañana tramitó la separación. Al día siguiente, Bill la llamó, se disculpó con ella y le dijo que si regresaba a casa, de inmediato dejaría de portarse mal.

Anita regresó a su casa y las cosas se calmaron por varios meses. Bill estaba realmente orgulloso de que hubieran podido resolver esto por sí mismos. Ella se sintió tremendamente aliviada por no tener que estar pendiente todo el tiempo de Bill. Su comunicación todavía era un poco inestable, pero estaba mejorando. Unos tres meses antes de iniciar el tratamiento, Bill pensó que tenía todo bajo control y que su adicción sexual solo había sido un síntoma generado por las presiones de su negocio, que ahora parecía poder manejar bien.

No pasó mucho tiempo antes de que su adicción volviera a escalar a proporciones destructivas. Anita se puso en contacto con COSA (Codependientes de Adictos al Sexo) y pidió ayuda. La comunicaron con un especialista en intervenciones, el cual se reunió con ella y con las otras personas que realizarían la intervención. Una semana antes de esto, todos se sentaron y practicaron cómo la harían. Cuando fue confrontado, con su esposa y amigos y con datos, Bill aceptó de mala gana el tratamiento que le recomendaron. Así fue el comienzo del proceso de recuperación de esta pareja.

Admitir un problema como la adicción sexual conlleva tanto una sensación de alivio como una de fracaso y pérdida. Uno de los objetivos del tratamiento para adicciones es educar a la familia sobre cómo se adquiere una adicción. Todos se preguntan: "¿Cómo pudo pasarnos esto? *¿Quién* lo causó? *¿Quién* tiene la culpa?"

Uno de los objetivos de este proceso educativo, es *permitir* que las personas puedan *ver* las dinámicas disfuncionales en sus familias actuales y puedan *observar* cómo esas dinámicas se desarrollaron y transmitieron a través de generaciones pasadas. El objetivo *no es culpar.* Al principio, es casi imposible para nosotros no culpar a alguien por el desastre en que nos encontramos. Solo más adelante en el tratamiento, podemos alejarnos de nuestros padres y abuelos lo suficiente como para decir: "Lo que sucedió con ellos no fue saludable. Yo puedo elegir vivir de otra manera, incluso si ellos deciden no hacerlo."

Cuando Bill y Anita exploraron sus antecedentes familiares con sus terapeutas y en sus grupos de apoyo, surgió el siguiente cuadro generacional.

No había adicciones obvias en el matrimonio de los padres de Bill. Mamá y papá Hopkins eran abstemios. De hecho, no tenían adicciones a ninguna sustancia química en absoluto. Y, al principio, Bill describió su infancia y su relación con sus padres como "simplemente normales." Pero a medida que su proceso de autodescubrimiento continuó, las piezas comenzaron a encajar en su lugar. El padre de Bill era un hombre muy trabajador que se ganaba la vida trabajando en su propio taller de mecánica automovilística, ubicado en la pequeña ciudad donde vivían. Pasó mucho tiempo enseñándole a su hijo cómo reparar autos y parecía estar activamente involucrado en la crianza de Bill. Pero también era perfeccionista en extremo. Su garaje siempre estaba impecable. Su casa permanecía tranquila. Todo estuvo totalmente controlado y nunca hubo duda alguna de que papá era el que mandaba en la familia, a pesar de su mal genio y de que fuera tan rencoroso. Desafortunadamente, criticaba con dureza cada vez que Bill cometía algún error, desordenaba el garaje cuando trabajaba en automóviles o cuando, por alguna razón, no se portaba a la altura de las expectativas que su padre tenía de él.

Por lo tanto, Bill creció con una crítica interior altamente desarrollada que siempre le decía que si no hacía las cosas perfectamente, no valía la pena hacerlas en absoluto.

Bill describió a su madre como "una santa." Era tímida, reservada y muy trabajadora. Mantenía la casa siempre impecable y crió a cinco hijos, siendo Bill el mayor. También recibió fuertes mensajes sobre la perfección de parte de su esposo y estuvo emocionalmente distante de sus hijos. Bill nunca recuerda que sus padres se abrazaran o besaran frente a los hijos y menos que nadie en la familia se sintiera cómodo ni siquiera con un contacto físico apropiado.

A pesar del perfeccionismo y el dominio de la familia que tenía su padre, Bill al principio no vio la conexión que había entre eso y sus propios problemas. Sin embargo, al retroceder otra generación, las piezas comenzaron a encajar mejor. Su abuelo, por parte de su padre, nunca fue diagnosticado como alcohólico, pero el hecho de que él tenía un problema bastante serio con la bebida era un secreto familiar muy bien guardado.

El abuelo Hopkins llevó dos vidas. Fuera de la casa era conocido por ser generoso, encantador, de buen genio y muy querido por la comunidad. Dentro de la casa era un tirano que gritaba y vociferaba cuando su esposa pedía dinero para hacer el mercado o dinero extra para comprar los uniformes de los niños. También bebía mucho en casa.

La abuela Hopkins era una mujer tranquila y obediente que trataba de mantener la paz haciendo lo que su marido exigía. Ellos tampoco mostraban afecto externo entre sí.

Por parte de su madre, los roles de sus abuelos fueron opuestos. Su abuelo Smith era un hombre tranquilo y tímido. Siempre se sintió bastante inútil, nunca hizo nada con su vida ya que hacía lo que su esposa le decía que hiciera.

La abuela Smith era dominante y controladora, y se mantenía enojada y amargada por el fracaso que percibía en la vida de su esposo. Se enfadaba muy fácilmente y era extremadamente perfeccionista. Siendo la hija mayor, la madre de Bill se identificaba mucho con su padre y el fuerte temperamento de su madre la mantenía en su lugar. Por lo tanto, creció sin saber cómo ser cálida y cariñosa.

Como hacemos muy a menudo, cuando las dependencias no son

tratadas, la madre de Bill se casó con un hombre que tenía muchos de los rasgos negativos de su madre, creyendo que la fuerza y el enfoque en los objetivos que él poseía, llenarían la propia falta de los suyos. Y lo primero que vio como fuerza, eventualmente se tornó en dominio total. El hecho de que él hubiera "hecho algo con su vida" eclipsó la verdad de que tenía algunos problemas claros para poder mantener la intimidad y ser solidario en un matrimonio.

De esa manera, Bill comenzó a encajar las piezas de su vida. Empezaron a surgir patrones que tenían sentido. Para aclarar cualquier confusión que haya podido surgir sobre esta familia hasta ahora, hemos esbozado en la Figura 7.1 el árbol genealógico de Bill en términos de las dinámicas de personalidad significativas, utilizando el diagrama que Bill eventualmente elaboró para su propia comprensión.

La otra pieza del rompecabezas que falta, por supuesto, es la manera cómo Anita resultó involucrada en este sistema. Como casi siempre es el caso, el cónyuge de la persona que va a recibir tratamiento o asesoramiento rara vez ve su propia contribución al problema porque, al centrarse tanto en los problemas de su pareja, no puede ver nada más. También es común que el enfoque en su pareja sea una manera inconsciente de evitar ver sus propias dependencias no tratadas. ¿Recuerda, lector, la dependencia paradójica?

Al principio Anita se decía a sí misma: "No hay nada que yo pueda hacer. Cuando Bill finalmente deje de portarse mal, todos nuestros problemas desaparecerán. Soy una persona responsable. Yo soy la fuerte en este matrimonio. ¡Sin mí, todo ya se habría desmoronado hace mucho tiempo!"

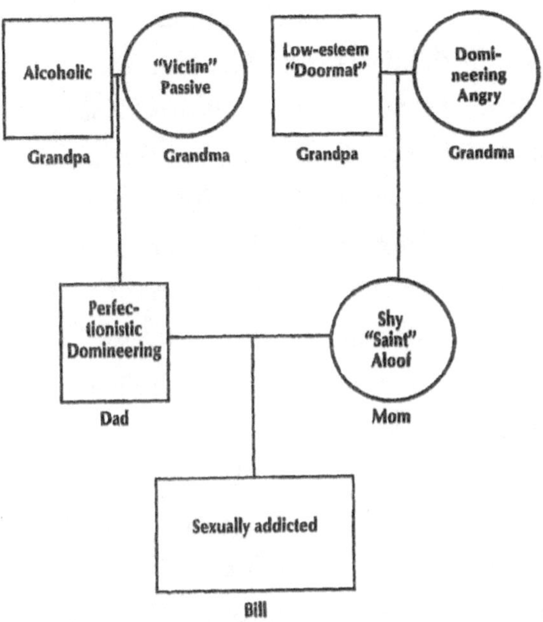

Figura 7.1. La Familia de Bill

inglés	español
Alcoholic	alcohólico
"Victim" Passive	"víctima" pasiva
Low-esteem "Doormat"	de baja estima "se deja pisotear"
Domineering Angry	dominante y de mal temperamento
Grandpa	abuelo
Grandma	abuela
Perfectionistic Domineering	perfeccionista y dominante
Shy "Saint" Aloof	tímida, "santa," distante
Dad	papá
Mom	mamá
Sexually addicted	adicto al sexo
Bill	Bill

Afortunadamente para Anita y Bill, el programa de tratamiento al que ingresó Bill incluía la dinámica familiar y la codependencia, sabiendo que "para pelear se necesitan dos." Así que Anita comenzó a descubrir cosas sobre sí misma y su familia que nunca antes había examinado. Lo que encontró era tan doloroso y aterrador como los descubrimientos que había hecho Bill sobre sí mismo.

Ella sabía desde el principio que su madre tenía una tendencia a depender del alcohol cuando estaba estresada, pero nunca había pasado por su mente que tal vez era alcohólica. Su madre nunca se había desmayado ni se había emborrachado "perdidamente" en frente de ella y no parecía tener algún problema.

Anita siempre había visto a su padre como el mejor "papá." Era trabajador, responsable, cocinaba la cena cuando la mamá de Anita no se sentía bien, jugaba con los hijos los fines de semana e iba a las obras de teatro y conciertos de la escuela. Siempre era tranquilo y agradable. Lo que Anita no sabía era que su papá estaba muy cansado internamente y ligeramente deprimido la mayor parte del tiempo. No era el tipo de persona feliz que trataba de demostrarlo externamente.

Y nunca le inquietó el hecho de que nadie parecía saber nada sobre los abuelos por el lado de sus padres. Todo lo que parecían saber sobre ellos era que fueron europeos y que los padres de Anita habían llegado a Estados Unidos en su adolescencia, acompañados de sus tías y tíos, o algo así.

Siendo la hija mayor de su familia, Anita se identificaba mucho con su padre y asumía el rol de "niña buena." Cuando mamá estaba cansada o "enferma," Anita ayudaba a papá a limpiar la casa y cocinar. Cuidaba a sus hermanos con gusto, incluso cuando era adolescente y, aunque podría haber salido con sus amigos y aprendido a tener citas amorosas y socializarse, no lo hacía. No le molestaba cuando mamá estaba de mal humor e irritable, porque al igual que papá, "ella entendía" que mamá no se sentía bien.

Así que, desde muy temprana edad, Anita se convirtió en "la pequeña mamá," renunciando a su propia infancia para ocuparse de las tareas domésticas, sacar buenas notas en la escuela y apoyar a papá como una persona "adulta" de la familia. Esto se convirtió en su montaje y trampa de acero. Con la trampa firmemente puesta durante años y años de crecimiento en su familia, Anita estaba lista para salir al mundo y entrar en su propia relación disfuncional.

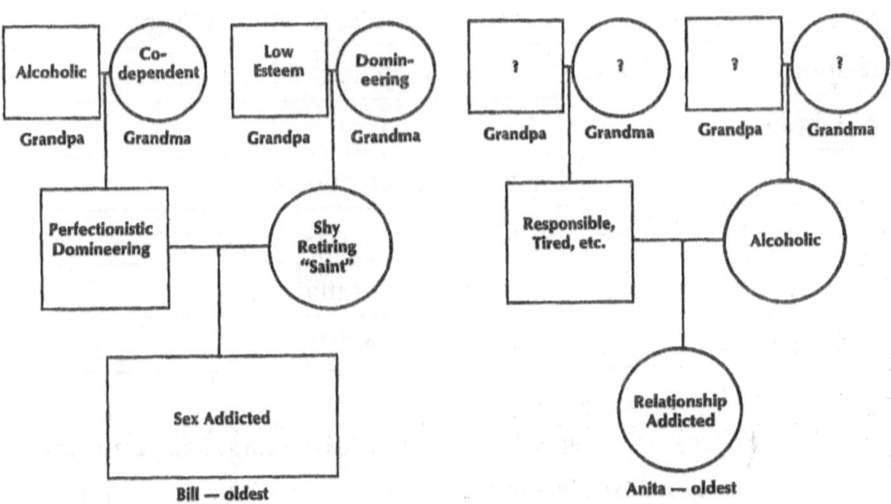

Figura 7.2. Bill y Anita

inglés	español
Alcoholic	alcohólico
Co-dependent	codependiente
Low Esteem	de baja estima
Domineering	dominante
Grandpa	abuelo
Grandma	abuela
Perfectionistic Domineering	dominante y perfeccionista
Shy Retiring "Saint"	tímida, reservada, "santa"
Responsible, Tired, etc.	responsable, cansado, etc.
Alcoholic	alcohólica
Sex Addicted	adicto al sexo
Relationship Addicted	adicta a las relaciones
Bill - oldest	Bill, el mayor
Anita - oldest	Anita, la mayor

En la Figura 7.2, hemos reproducido el diagrama familiar de Anita que surgió después de meses de su propia autoexploración, angustia y dolor. Hemos puesto a su familia al lado de la de Bill para que se pueda visualizar todo el sistema a la vez. Sería recomendable estudiar este sistema detalladamente. Es muy común.

Lo que Bill y Anita descubrieron, en el largo viaje que hicieron juntos, tiene mucho sentido para ellos ahora. Después de tantos años de lucha, es difícil recordar que nada tenía sentido. Los patrones, los primeros mensajes, el condicionamiento imperceptible y el dolor involuntario que llegaron a conocer... todos encajan en un esquema coherente ahora. Han superado la negación, la ira y la culpa, llegando a la aceptación pacífica de lo que *fue*. Ahora están viviendo no en la desesperación y en el vacío de no saber qué pasa o por qué pasan las cosas, sino en la confianza y la serenidad de aceptar lo que fue, en la libertad que viene con poner fin a lo que fue. Y si esto suena demasiado bueno para ser verdad; créalo, no lo es.

Lo difícil de transmitir es el proceso por el que pasan personas como Anita y Bill para llegar a este punto de plenitud. Los patrones que descifraron y volvieron a armar eran patrones de negación emocional que se remontan a muchas generaciones atrás. Eran patrones de miedo a tener cercanía con las personas y de miedo a ser vulnerables; patrones adictivos de pequeña y gran magnitud de personas individuales que intentaban sobrevivir, de niños pequeños que buscaban encajar en familias y en un mundo exterior más grande que no siempre era funcional.

Capítulo 8

Cuando las familias se salen del rumbo

¿Cuáles son algunas de las cosas que pueden salir mal a medida que crecemos? ¿Cuáles son algunos de los patrones disfuncionales que ocurren en las familias y nos hacen vulnerables a los patrones adictivos de la vida? Así como las flores necesitan luz solar, agua y tierra para crecer sanas y florecer, los hijos necesitan ciertas cosas de sus familias para florecer como adultos con un sentido saludable de *interdependencia*. No conocemos a ninguna familia que proporcione todas estas cosas perfectamente, pero sí sabemos de muchas que no suplieron suficientemente estas cosas y los hijos entraron en la edad adulta con dependencias graves.

En una familia saludable, las necesidades de seguridad, calidez, apoyo afectivo y orientación que tienen los hijos se satisfacen la mayor parte del tiempo. Estos hijos entran en la edad adulta con una sensación de seguridad y confianza *dentro de sí mismos*. En las familias disfuncionales, estas necesidades no se satisfacen lo suficientemente o en absoluto y los hijos entran en la edad adulta con una sensación de insuficiencia, desconfianza y miedo *dentro de sí mismos*, así como con una fuerte necesidad de algún tipo de seguridad fuera de sí mismos. Los adultos que crecimos en familias con problemas buscamos constantemente llenar los vacíos que hay dentro de nosotros y que nunca se suplieron mientras crecíamos. Esta búsqueda *externa* de algo que pueda satisfacer nuestras necesidades insatisfechas es lo que nos lleva a adoptar estilos de vida adictivos. En diferentes conferencias que hemos dado en todo Estados Unidos, hemos encontrado que la siguiente analogía es de gran ayuda:

Figura 8.1. La Tasa

Imagínese a sí mismo como una taza (ver Figura 8.1) que al momento de nacer está vacía. Su objetivo a medida que crece es llenar la taza. En otras palabras, usted tiene ciertas necesidades que deben satisfacerse. En una familia sana, su taza se llena casi totalmente y entonces, cuando sale al mundo, hace amigos y se enamora de otras personas que también tienen sus tazas llenas. Si usted viene de una familia disfuncional, su taza no fue llenada. En casos extremos, su taza puede estar apenas 1/8 llena cuando se convierte en adulto. Entonces, *cuando usted sale al mundo, hace amigos y se enamora de otros, cuyas tazas están aproximadamente 1/8 llenas.* Y usted depende de agentes externos tales como relaciones adictivas, drogas, el trabajo, la televisión, etc., para mantener la ilusión de que su taza está llena.

Creemos que nuestros síntomas son el resultado de que nuestras tazas no fueron llenadas a medida que crecíamos en nuestras familias. En lugar de aprender formas sanas de vivir y crecer, aprendimos algunas formas de ser malsanas debido a lo que estaba sucediendo en nuestras familias. Estas cosas son las que nos ponen trampas.

Observando la buena o la falta de salud emocional en un sistema familiar, sospechamos que las familias tal vez se distribuyen normalmente de la misma manera que se distribuyen de manera específica la mayoría de los otros rasgos de la naturaleza y la psicología (ver Figura 8.2).

La mayoría de nosotros (aproximadamente 2/3) caemos en el rango promedio, con una salud y una disfunción promedio. Esto significa que la mayoría de nosotros tenemos nuestras tazas llenas parcialmente pero, en ningún caso, en su totalidad. También quiere decir que tenemos alguna disfunción clara en la que debemos trabajar así como algunos síntomas adictivos evidentes y otro tipo de síntomas que nos aquejan.

Observe que solo un porcentaje muy pequeño del total nos encontramos dentro del rango denominado "extremadamente saludable." Incluso las personas muy sanas tienen problemas como el resto de nosotros. La diferencia en estas familias es que resuelven los problemas de manera saludable. Los conflictos se arreglan. Sus hijos crecen y se van de casa, lo cual todavía causa dolor a los padres. Ellos aún heredan predisposiciones genéticas de farmacodependencia, obesidad, depresión y dependencias similares, pero manejan su herencia genética de manera diferente al resto de nosotros.

En el otro extremo están las familias que son demasiado malsanas, donde hay muchas enfermedades mentales, incesto, golpes habituales y muerte infantil. En las siguientes páginas describiremos algunas de las características de las familias disfuncionales sobre las cuales hemos escrito nosotros y otras personas en el pasado (Black, 1981; Fossum & Mason, 1986; Subby & Friel, 1985). También remitimos al lector a las obras de Alice Miller, una psicoanalista internacionalmente conocida, especialmente por su libro titulado *"For Your Own Good"* (Por Tu Propio Bien) (Miller, 1983), en el cual crea el término "Pedagogía venenosa" para describir los métodos de abuso físico y emocional que los padres utilizan para "guiar" y "moldear" a sus hijos. Allí, se presenta un argumento convincente y académico sobre las raíces de nuestros síntomas de adultos que provienen de nuestras familias de origen, incluyendo descripciones de los diferentes tipos de abuso más encubiertos, que casi todos hemos experimentado.

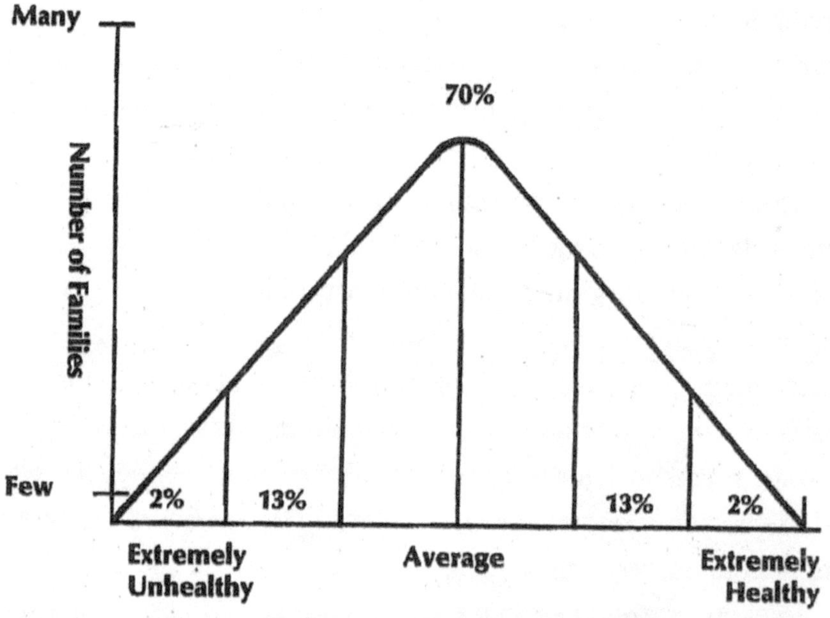

Figura 8.2. Continuo de salud a disfunción

Salud emocional de una familia

inglés	español
Many	muchas
Number of Families	número de familias
Few	pocas
Extremely Unhealthy	extremadamente malsanas
Average	promedio
Extremely Healthy	extremadamente sanas

Curva normal que demuestra que aproximadamente dos tercios de la población en general, se encuentra dentro del rango promedio del Continuo de salud a disfunción.

En nuestro continuo de familias extremadamente saludables a familias extremadamente malsanas se encuentran algunas o todas las características que se enumeran a continuación, dependiendo de cuán funcional o disfuncional sea una familia. Algunas familias tienen pocas o ninguna de ellas; otras, las tienen todas.

1. Abuso y negligencia física, emocional o sexual y abuso indirecto
2. Perfeccionismo
3. Normas, estilos de vida o sistemas de creencias rígidos
4. La norma de no contar o mantener "los secretos de la familia"
5. Incapacidad para identificar y expresar sentimientos.
6. Triangulación (un patrón de comunicación que utiliza a una persona como intermediario)
7. Mensajes dobles, doble vínculo
8. Incapacidad para jugar, divertirse y ser espontáneo

9. Alta tolerancia de comportamientos inapropiados y dolor
10. Enredo emocional

A medida que estudia estas características con mayor profundidad, recuerde que el *grado* de disfunción general es lo que importa, y que este *grado* depende no solo de cuántos de estos rasgos existen en una familia, sino también de la frecuencia con la que ocurren. Todos tenemos pequeños rituales o rigideces en nuestras vidas. Es cuando estas rigideces comienzan a interferir con la intimidad saludable y con los sentimientos de plenitud y dignidad de los miembros de la familia que los problemas comienzan a surgir.

Frank, nuestro ingeniero de California, creció con "todo" lo que cualquier niño podría desear: un padre médico, una madre activa en la comunidad, buena educación, aptitud atlética, buena apariencia, vacaciones en el lago y dinero. Sin embargo, su propio matrimonio y su vida llegaron al caos porque nunca aprendió realmente a *sentir* y *ser*. Se volvió tan competente en "el hacer," que nunca tuvo tiempo o guía familiar para aprender a estar en una relación con otras personas sin "el hacer."

En nuestro ajetreado mundo, esto es algo tan simple que se puede pasar por alto y no hay "monstruos" a los que se pueda culpar. Esto sucede con mucha frecuencia y el resultado final es simplemente triste. La feliz noticia es que no tiene que seguir siendo así. No somos osos. Tenemos cerebros más grandes para descubrir esas trampas tarde o temprano y nunca es demasiado tarde para comenzar a verlas tal como son.

A medida que lee nuestras descripciones de estas trampas, es absolutamente normal y "bueno" que usted: (1) se diga a sí mismo, "eso nunca sucedió en mi familia," (2) se sienta confundido, (3) se enoje mucho con nosotros o con su familia, (4) se asombre, (5) se haga preguntas, (6) tenga dudas, (7) se sienta triste, (8) llore, (9) quiera hablar con alguien al respecto, o (10) se sienta aburrido(a).

Abuso físico, emocional o sexual y negligencia o abuso indirecto

Tan recientemente como en el año 1975, en un libro de psiquiatría, se reportó que el abuso sexual infantil ocurre en una de cada millón de familias (Kohn, 1987). Esto simplemente resalta la tremenda negación y temor que existen entre profesionistas educados con respecto a la naturaleza del animal humano.

Los hechos cuentan una historia diferente. Una de cada seis personas en Estados Unidos fue abusada sexualmente cuando era niño(a). Y, en un estudio reciente, se descubrió que aproximadamente el 30% de todas las mujeres y el 15% de todos los hombres fueron abusados sexualmente por contacto físico (desde caricias hasta relaciones sexuales) cuando aún eran niños. Cuando se incluyen formas de abuso sexual sin contacto, la cifra aumenta a alrededor del 50% para las mujeres (Kohn, 1987).

El abuso sexual ocurre con mayor frecuencia cuando los niños tienen entre 9 y 12 años pero también regularmente en infantes, lo que hace muy difícil para una persona en recuperación, identificar y lidiar con el abuso.

Aunque estamos básicamente de acuerdo con el trabajo de Lloyd de Mause (1974), quien da buenos argumentos para demostrar cómo han mejorado, en general, las condiciones de los niños desde la antigüedad hasta el tiempo actual, las estadísticas sobre el abuso y la negligencia de menores en este país siguen siendo aterradoras.

Muchos niños son *perjudicados* en este país por medios muy evidentes, tales como palizas, golpes, negligencia severa y abuso sexual. Y esto es solo "la punta del témpano de hielo." Las formas más *encubiertas* e *imperceptibles* de abuso y negligencia solo se están estudiando recientemente con precisión. Los que estamos en el campo de la psicoterapia las vemos todo el tiempo.

Gran parte de lo que escribimos en este libro se encuentra bajo la categoría de abuso. Al final de esta sección, presentamos una lista de los tipos más comunes de abuso que hemos visto. Exponemos lo siguiente para reflexionar:

Los niños necesitan ser castigados para que crezcan rectos y firmes, ¿verdad? Quizás. Pero, ¿sus hijos se acobardan de miedo cuando usted muestra la mínima señal de ira? ¿Sienten miedo? ¿Parecen no estar dispuestos a jugar y divertirse? ¿Suelen estar enojados y agresivos? ¿Acosan sin piedad a los más pequeños de la familia? ¿Son malhumorados, negativos y "difíciles"? Si usted mismo fue castigado demasiado o muy severamente cuando era niño, no podrá distinguir entre el castigo apropiado y lo que ahora llamamos abuso. No es su culpa que no pueda notar la diferencia. Pero no podrá notarla, sin importar quién haya tenido la culpa.

El dejar que los hijos se involucren en sus discusiones matrimoniales y tratar que ellos satisfagan sus necesidades emocionales es una forma de abuso emocional denominado "incesto encubierto" por muchos profesionales, incluyendo a Woititz (1985). Criticar a su hijo tímido por ser demasiado tímido, es abuso emocional.

El gritarle a su hijo porque usted está agotado(a) o tiene resaca es abuso emocional. El no estar presente lo suficiente para su hijo también lo es, al igual que mantenerse cerca de su hijo y nunca dejarlo caer o cometer errores por su cuenta y recuperarse por sí mismo, cuando eso sea apropiado para su edad.

Muchos de nosotros nos apresuramos a decir: "Oh, yo tuve suerte. Mis padres *nunca* pelearon cuando yo era un niño. En cambio, el padre de Billy siempre estaba borracho y peleando." Eso puede ser cierto. Pero el encontrar el peor ejemplo de abuso en la vida de otra persona para compararlo con nuestra experiencia es una de las mejores formas de mantener nuestra negación sobre nuestras propias familias. La verdad es que conocemos pocas familias que no tengan *algunos* de estos problemas. ¿Cuáles eran los problemas en *su* familia? Olvídese de la familia de Billy. Él tiene que lidiar con ellos. Usted lidie con los suyos.

Si usted es testigo del abuso de cualquier otra persona, entonces también usted es víctima de abuso. Si observa que su hermana menor o su hermano mayor son lastimados por mamá o papá, eso también le causa a usted violencia emocional. Usted puede sentirse culpable de haber sido tratado "mejor." Usted puede sentirse poderoso de una manera malsana porque fue tratado "mejor" que los demás, lo cual consecuentemente le dificultará tener una relación igualitaria con otra persona. Es posible que sienta miedo de que, si no tiene cuidado e incumple las normas, se convertirá en la próxima víctima de violencia familiar. Ver cómo alguien es abusado se llama abuso indirecto y es tan doloroso, hiriente y dañino como otros tipos de abuso. A continuación, incluimos nuestra lista.

Abuso emocional

Dobles vínculos (todas las opciones dadas al niño son negativas)

Proyección y transferencia de culpa al niño

Alteraciones de la realidad del niño (abuso intelectual); por ejemplo diciendo, "Papá no está borracho, solo está cansado."

Sobreproteger, asfixiar con muestras de cariño al niño; excusarlo y culpar a otros por el problema del niño

Fomentar la baja autoestima

Mensajes dobles: "Por supuesto, te amo, querido" (mientras mamá se pone tensa y aprieta los dientes).

No hablar en absoluto sobre el abuso

Negligencia emocional

No darle apoyo, cuidado o amor al niño

No proporcionarle al niño una estructura o no establecer límites

No escuchar, oír o creerle al niño

Esperar que el niño proporcione apoyo emocional a los padres para que el padre o la madre se sienta bien

No estar emocionalmente presente debido a una enfermedad mental, a farmacodependencia, depresión o compulsiones

No fomentar la educación o el desarrollo intelectual del niño

Negligencia Física

Falta de alimentación, ropa o vivienda

Dejar al niño solo de manera inapropiada para su edad

Dejar que un niño demasiado pequeño se haga a cargo de otros niños

Falta de atención médica

Permitir o fomentar el uso de drogas y alcohol

Falta de protección del niño contra el abuso de otros, incluyendo del cónyuge

Abuso verbal

Hacer sentir culpable, culpar y avergonzar excesivamente.

Poner apodos, humillar, hacer comparaciones.

Provocar, burlarse, reírse, menospreciar al ñiño o niña

Regañar, sermonear, gritar, agredir verbalmente

Abuso físico

Abofetear, sacudir, pellizcar, apretar, pegar o golpear con tablas,

palos, cinturones, utensilios de cocina, reglas, cables eléctricos, palas y mangueras

Lanzar, empujar o golpear contra paredes u objetos

Quemar con cosas o líquidos calientes, congelar

Forzar la comida o el agua, privar de comida

Forzar a ver a otros ser abusados físicamente

Trabajo excesivo

Abuso o Negligencia sexual

Acariciar, tocar

Insinuaciones, chistes, comentarios, miradas, miradas lascivas

Exposición a la masturbación o a masturbación frente a otros

Masturbación mutua

Sexo oral, sexo anal, coito

Penetración con dedos u objetos

Desnudamiento y castigos sexuales o enemas

Pornografía: tomar fotografías pornográficas u obligar al niño a mirar pornografía

Obligar a los hijos a tener relaciones sexuales entre sí

Obligar a tener actividad sexual con animales

Ver a otros tener relaciones sexuales o ser abusados

Juegos sexuales

Torturas sexuales como quemaduras, etc.

No enseñarles a los niños sobre el sexo (permitir la ingenuidad sexual)

No hablar con los niños sobre la pubertad, menstruación, emisiones nocturnas, etc.

Abuso indirecto

Es un caso especial de abuso, en el que la víctima es parte de una familia u otro sistema en el que *otra persona* es abusada de alguna manera. Este tipo de abuso puede ser tan dañino, como el hecho de ser el receptor de los otros tipos de abuso enumerados anteriormente.

Perfeccionismo

El perfeccionismo es común y puede ser uno de los defectos más negados y excusados en cualquier familia. También se malinterpreta fácilmente. El perfeccionismo incluye tener expectativas poco realistas de uno mismo o los demás; se transmite no solo a través de críticas evidentes y denigración sino también por medios más sutiles, tales como un oportuno ceño fruncido, una mirada retraída, una mirada perpleja combinada con una pausa significativa o una sonrisa de superioridad disfrazada de falta de entendimiento.

Papá pregunta inocentemente, con cierto desprecio hacia su vulnerabilidad, "¿Te sentiste avergonzado en esa fiesta?" Y agrega, "¿De qué te avergonzabas?" ¡Qué trampa! Obviamente que él no aprueba sus *sentimientos* de vergüenza pero, además, quiere saber por qué se avergonzaba usted. Sin importar lo que pueda decir ahora, usted ya está en problemas y el mensaje es fuerte y claro, pase lo que pase: "Los de nuestra familia no nos avergonzamos por nada." Le está diciendo que usted falló. No cumplió con las expectativas.

O tomemos a Bill como otro ejemplo. Cuando trabajaba arreglando automóviles con su padre, aprendió mucho sobre motores de automóviles. A la edad de 13 años, podía desbaratar un motor y volver a armarlo. Sin embargo, al final de cada fin de semana de trabajo allí, siempre se quedaba con un nudo en el estómago y una sensación de inutilidad en su corazón debido a las críticas perfeccionistas de su papá, en las que le exigía mantener el garaje en "perfecto estado." En lugar de decirle a la mamá de Bill, "¡Vaya! Bill hizo un gran trabajo en ese auto hoy," lo que habría sido cierto la mayoría de las veces, él le decía: "Bueno, *algún día* él aprenderá a ser un verdadero mecánico, cuando aprenda a mantener limpio el maldito garaje." El perfeccionismo, en nuestra opinión, es la manera como una persona infeliz se aferra a la ilusión de que su vida está bajo control. El perfeccionismo surge de la infelicidad y es el caldo de cultivo para la crítica constante. Es la forma más segura de dejar a un niño con un profundo sentido de inutilidad y vergüenza. Piense en algunas de las declaraciones perfeccionistas y críticas que usted recibió en el pasado de sus padres, maestros y jefes o de las que usted les ha hecho a sus propios hijos:

> "¿Por qué derramaste tu leche, Susie? ¿No puedes hacer nada bien?"
>
> "¿Tienes que usar *esa* corbata?"
>
> "Ojalá pudieras ser como tu hermano mayor. *Él* siempre ..."
>
> "Está bien que tengas tres calificaciones de A y una B, pero... ¿por qué sacaste esta C?"
>
> "¿Por qué quieres especializarte en *arte*? No ganarás dinero haciendo eso."
>
> "¿Para qué hiciste *eso*?"
>
> "No piensas en nadie, excepto en ti mismo."
>
> "¡Esa *no* es la forma como se supone que deben ir los platos en la vajilla!" "
>
> "¡Mírate, eres un desastre!"
>
> "¿No puedes decir *algo* que tenga sentido?"

La lista sigue y sigue, pero esperamos haber enfatizado el punto. La crítica y el perfeccionismo constantes afectan a *todos* los miembros de la familia, incluyendo al que critica. Produce no solo vergüenza sino que, además, eventualmente nos distancia de las personas que hacen la crítica. Nos hace infelices. Deja un mal ambiente sobre todo lo que sentimos, hacemos y decimos.

Las personas que crecen en familias que critican a otros eventualmente *interiorizan* todos esos mensajes de tal modo, que cuando alcanzan la edad adulta, inconscientemente se critican a sí mismos. Una pequeña voz dentro de ellos siempre dirá: "Esto no es lo suficientemente bueno. No lo estás haciendo bien. Hay algo *malo* en ti." Así es; hay algo mal contigo: ¿Derramo la leche y, por lo tanto, hay algo mal en *mí*? *¿Con mi propio ser*? *¿Con mi identidad*? ¿Tiene sentido eso? No tiene que tener sentido pero es exactamente lo que sucede. Y es muy triste que lo haga. No hay lugar para errores.

Normas, estilos de vida y sistemas de creencias rígidos

Solo hay una manera correcta de ser. Solo hay una forma correcta de hacerlo. Debo tener el control en todo momento o mi vida se derrumbará. Una gran cantidad de comportamientos compulsivos y pensamientos obsesivos están incluidos bajo este encabezado. Una cosa es tener creencias y valores claros. Otra es ser esclavo de esas creencias e imponerlas sobre otra persona.

Los rituales familiares son importantes. Los rituales familiares *compulsivos* son destructivos. ¿Es el gobierno estadounidense el único que funciona? ¿Es el único que permite la dignidad individual? ¿Es su iglesia o religión la *única* que puede satisfacer la necesidad de espiritualidad de una persona? ¿Son sus creencias políticas las *únicas* correctas? ¿Deben todos los hijos ir directamente a la universidad después de la escuela secundaria para que tengan éxito en sus vidas? ¿Los niños no deben llorar? ¿Deben las niñas ser madres para sentirse realizadas?

No importa que todos estemos cansados e irritados. Dijimos que íbamos a conducir hasta que llegáramos a Florida hoy, y por Dios, eso es lo que vamos a hacer. No importa que mamá no se esté sintiendo bien y deba dormir. Necesitamos limpiar la casa, y eso es lo que vamos a hacer.

Los rituales compulsivos y rígidos le roban la espontaneidad a la vida. La diversión, las sorpresas, la imprevisibilidad y la magia de la vida son consideradas peligrosas y amenazantes. El gozo es reemplazado por la rutina. La felicidad es reemplazada por un estilo de vida laborioso pero mediocre; es un estilo limpio y ordenado pero vacío y solitario. Los que crecemos en familias rígidas encontramos que la confusión normal de las relaciones interpersonales, los altibajos de la amistad y la imprevisibilidad normal de las redes sociales cambiantes son más de lo que podemos soportar. Como adultos, buscamos relaciones rígidas y controladas, sistemas sociales donde las normas de la vida se explican en blanco y negro. Desafortunadamente, la vida no siempre funciona de esa manera. Cuando ésta da uno de sus impredecibles giros, nos sentimos atemorizados, engañados y manipulados, sin herramientas emocionales para manejar lo incontrolable. Parte de vivir una vida plena y feliz, es ser capaz de dejar ir lo incontrolable. Crecer en familias rígidas y compulsivas no nos prepara en absoluto para dejar ir las cosas.

La "norma de no contar" y
la de mantener "los secretos familiares"

¿Recuerda usted el viejo dicho: "La ropa sucia se lava en casa"? En algún momento determinado, este llamado a tener tacto y discreción se ha convertido en el grito de batalla de las familias disfuncionales. Por supuesto, probablemente no tenga mucho sentido sacar un anuncio de página completa en su periódico local informando que el tío Joe es alcohólico. Pero, ¿nos hemos excedido en la otra dirección?

En las familias disfuncionales, esta norma significa, "No grites pidiendo ayuda cuando estés a punto de ahogarte." Significa que los hijos pequeños deben ir a la escuela todos los días con sonrisas en sus rostros y nudos en el estómago porque han estado despiertos la mitad de la noche escuchando a sus padres pelear una batalla sangrienta por causa del dinero, el alcohol o los suegros. Significa que esos niños no se atreven a compartir su dolor con un amigo o un consejero escolar porque, si lo hacen, van a ser golpeados o avergonzados emocional o físicamente por el hecho de compartir "secretos familiares" fuera de casa. Sobre todo, esto significa que *creceremos creyendo que debemos manejar todos nuestros problemas por nosotros mismos, solos y aislados.*

"No vayas a estar contándole nuestros problemas a la Sra. Smith."
"No quiero hablar sobre eso."
"No hablamos de esas cosas en esta familia."

Todos sabemos cómo se siente uno. Algo nos está molestando en casa. Nos gustaría poder compartirlo con alguien para tener una nueva perspectiva de las cosas pero una pequeña voz dentro de nosotros dice, "¡Si les cuentas lo que hay dentro de ti, pensarán que estás loco(a)!" O tal vez diga, "No te creerán de todos modos, o no te entenderán, o ..." Esta norma es particularmente peligrosa y destructiva porque mantiene los sistemas familiares completamente cerrados.

¿Recuerda a la madre de Sandy? Ella intentó hablar con una amiga cuyo esposo pertenecía a A.A. pero su propio esposo la amenazó tan severamente, que nunca volvió a hablar con ella. Este tipo de normas extremas son la peor forma de tiranía. En su forma más suave, deja en los hijos la creencia que lo que está dentro de ellos es malo, a menos que se ajuste a las normas familiares de lo que es y no es correcto hablar.

¿Menstruación? "Simplemente sucede. No hables de eso." ¿Enojo? "No nos enojamos el uno con el otro en esta familia." Y así nos quedamos con la sensación de que una gran parte de nuestro interior es mala. "Si no hablamos de eso, desaparecerá," nos decimos a nosotros mismos; pero nunca lo hace.

Tina y Frank no hablaban de lo que realmente había dentro de ellos hasta que un día lo que había dentro de Tina estalló con una fuerza tan explosiva, que pensó que literalmente se estaba volviendo loca. Como dice el destacado psicoterapeuta Carl Rogers (1973), cualquier sentimiento *persistente* debe ser expresado en una relación, incluso si parece trivial. De otro modo, el resentimiento que se acumula eventualmente alcanza una fuerza destructiva y, como consecuencia, tenemos un desastre real en nuestras manos. Con la "norma de no contar," estas cosas nunca son expresadas.

Dentro de las familias disfuncionales, cada uno de sus miembros argumenta que ellos sí comparten sus problemas pero con otro miembro de la familia. Si el sistema es disfuncional, entonces compartir los problemas solo con aquellos que se encuentran dentro del sistema no hará más que alimentar la enfermedad.

La disfunción se alimenta de disfunción. Nos quedamos tan atrapados en nuestros propios problemas familiares que ningún miembro de la familia tiene visión. Es como un ciego guiando a otros ciegos o un indefenso ayudando a otros indefensos, lo cual a la larga nunca ayuda. El cambio constructivo nunca ocurre en estos sistemas sino hasta que alguien sale del sistema. Muy a menudo, esta persona resulta ser un alcohólico que mata a alguien mientras conduce borracho, un adolescente que es atrapado vendiendo drogas o un esposo(a) que es atrapado(a) siendo infiel. El aire fresco no puede entrar en estos sistemas hasta que algo rompa esta poderosa pared de "no contar."

Incapacidad para identificar o expresar sentimientos

Este es un subproducto de la "norma de no contar" y de la crítica y el control que existe dentro de una familia.

Escuchamos decir que "los buenos hijos no odian a sus hermanos o hermanas." Y, por lo tanto, cuando nos sentimos enojados con ellos, no sabemos qué hacer. La ira queda enterrada debajo de un conjunto de normas. Por lo general, muchos otros sentimientos se entierran junto con la ira. Sentimientos de tristeza, dolor, miedo y vergüenza. Cuando somos adultos, caminamos con una máscara sobre nuestros rostros, comportándonos de maneras y expresando sentimientos que *consideramos* ser apropiados o *creemos* nos conducirán a la felicidad. En cambio, lo que sucede es que aprendemos a negar quiénes somos, negamos lo que sentimos y la realidad que nos rodea. Este es quizás, el peor error que cometemos cuando pisamos continuamente nuestras propias trampas.

No aprendemos de la experiencia porque es demasiado doloroso admitir nuestros verdaderos sentimientos en torno a esa experiencia.

"Oh, sí, acabo de pisar una trampa para osos. Pero usted sabe que no todas las trampas para osos son malas. Es decir, si no existieran las trampas para osos, ¿dónde estaríamos? No tendríamos parques seguros ni alfombras de piel de oso." Con nuestro pie ensangrentado y nuestro tobillo destrozado, decimos: "No, no me duele tanto. Esas cosas suelen ocurrir."

Si esto suena inverosímil, piense en lo que decimos cuando estamos en una relación en la que nuestras necesidades no son satisfechas.

"Ella me dejó plantado por quinta vez consecutiva. Pero, bueno, la entiendo. Tenía que trabajar hasta tarde. Necesitaba su tiempo para salir con sus amigas. Ella…" Admitir nuestros verdaderos sentimientos en estas situaciones significaría que tendríamos que admitir una realidad dolorosa, que una trampa para osos nos ha roto el tobillo y que nos duele terriblemente, o que "ella" no nos conviene y no nos respeta.

Admitir que me siento solo dentro de mi familia significaría que algo anda *mal*. Debido a que estoy en un sistema familiar cerrado donde existe la "norma de no contar," no hay forma de saber si soy yo quien está equivocado o si es mi familia la que lo está. Incluso, si soy lo suficientemente inteligente como para darme cuenta que hay algo mal con mi sistema familiar, soy parte de ese sistema familiar, ya sea consciente o inconscientemente y, por lo tanto, también debe haber algo mal en mí. Así que es mucho más fácil, simplemente decir: "estoy equivocado," "soy malo," "estoy sucio" o "estoy loco." A partir de ahí, estoy a pocos pasos de decir: "no quiero sentir esto en absoluto. Solo fingiré que no duele y entonces, tal vez, todo desaparezca."

Negamos nuestros *sentimientos*, que *son nuestra realidad*. Luego negamos la realidad objetiva que nos rodea ("papá realmente no se enoja muy a menudo"). Y luego construimos una máscara estructurada a nuestro alrededor para que nos veamos *muy bien* por fuera aunque nos asfixiemos por dentro. Los humanos somos extremadamente inteligentes, no como los osos en absoluto.

La triangulación

La triangulación hace referencia a los patrones de comunicación que existen dentro de una familia. Las familias que hacen esto, usan a un miembro como mensajero o intermediario, en lugar de hablar directamente con la persona con quien quieren comunicarse.

Por ejemplo, mamá y papá acaban de tener una pelea. Papá piensa que podrá arreglar las cosas con mamá si se comunica a través de Bobby, su hijo de 10 años. Por lo tanto dice: "Bobby, ¿podrías ir a preguntarle a tu mamá si todavía está enojada conmigo? Dile, por favor, que no quise decir lo que dije y pregúntale si quiere ir a cenar con nosotros." Como un buen pequeño soldado, Bobby hace lo que se le pide. Mamá dice: "Bobby, dile a tu papá que no iría a cenar con él así fuera la última persona que existiera en la tierra. Y, luego, sube las escaleras y limpia tu habitación como te dije que hicieras hace una hora."

Bobby estaba tratando de ser un buen chico, de ayudar a que mamá y papá volvieran a estar juntos, pero su mamá terminó descargando sobre él la ira que tenía contra su papá y, como resultado, Bobby quedó sintiendo que era en parte culpable del problema matrimonial de sus padres. Había fracasado en su misión y decepcionado a papá. Había dañado todo. Eso fue lo que sintió Bobby. La manera como se sintió él es todo lo que importa. Cuando la triangulación se convierte en un elemento habitual de un sistema familiar, la comunicación se distorsiona, las personas se ven involucradas en problemas que no son suyos, y los niños, especialmente, se convierten en peones en las luchas de poder de sus padres. Y, cuando lo convierten en un peón en el juego de alguien más durante el tiempo suficiente, usted también se convierte en un peón para sí mismo. Se convierte en un objeto. Asume los sentimientos, culpas y sensación de futilidad de otras personas.

Los niños que crecen con mucha triangulación en sus casas entre ellos y los adultos, y entre los adultos mismos, llegan a sentir y creer que esto es "normal." Repiten el patrón en sus propias vidas adultas.

Debido a que se siente "normal," ellos también son atraídos hacia otros adultos que se comunican de esta manera.

De hecho, cuando se encuentran con un adulto que no se comunica de esta manera, piensan que algo anda mal. Por lo tanto, evitan a las personas que se comunican de manera saludable y, al hacerlo, logran recrear el sistema disfuncional en el que crecieron. Esto es cierto para todos los patrones familiares disfuncionales.

Mensajes dobles/Doble vínculo

Tommy corre hacia papá cuando llega a casa del trabajo y le pregunta: "¿Me amas, papá?"

"Claro que sí, hijo," dice papá, mientras entierra su cabeza detrás del periódico, come la cena, enciende el televisor, se sienta allí durante tres horas y luego se va a la cama.

Betsy corre hacia mamá a la hora de acostarse, lanza sus brazos alrededor de ella y le dice: "Te amo." "Yo también te amo, cariño," dice mamá mientras pone rígida su espalda y pone su cuerpo tenso porque ningún miembro de su familia la abrazó así mientras crecía. Debido a que la doble reacción de mamá fue tan sutil, Betsy no parece haberla notado pero la percibe inconscientemente.

Los mensajes dobles suelen decir: Te amo/vete." "Te necesito/no te necesito." "Estamos orgullosos de ti/estamos avergonzados de ti." "Claro que te queremos"/"¿Por qué no puedes ser más como tu hermano?" La mayoría de las veces, estos mensajes dobles son extremadamente sutiles y, en cuanto más lo son, más difícil es darse que alguna vez ocurrieron.

En una familia con la que trabajamos, mamá y papá siempre hablaban de lo democráticos que eran y de lo mucho que se esforzaban por tratar a cada niño por igual. Lo que no podían ver, debido a que tenían un sistema familiar tan cerrado, era que realmente estaban haciendo justo lo contrario de lo que afirmaban hacer. El hermano mayor era la "estrella." La hermana de en medio era una chica tranquila y tímida que obtenía buenas calificaciones en la escuela pero que tenía mucha dificultad para establecer relaciones con cualquier otro miembro de la familia o alguna persona que no fuera de la familia. Y el hermano menor, quien era "el problema," estaba portándose mal en la escuela y causando problemas en casa. El hermano mayor se sentaba junto a papá, quien parecía tener el mayor poder en la familia. Mamá y papá elogiaban todos sus logros. La hermana de en medio se sentaba a un lado de ellos, un poco alejada, y sus padres hablaban con menos entusiasmo sobre ella. Ellos decían que "ella era la callada." El hermano menor "saltaba" de una pared a otra en nuestra oficina, mientras todos los demás hablaban con humor y un poco de desdén sobre el chico. "Él es el encanto de la familia," todos replicaron, "pero también es un problema," decían riéndose. "Estamos orgullosos de nuestras habilidades de crianza," decía el papá. "Tratamos a cada uno de nuestros hijos de la misma manera."

Lo que realmente sucedía en esta familia, era que el hermano mayor había sido tratado todo el tiempo de la misma manera que trataban a papá, quien tenía todo el poder y toda la gloria. A la hermana de en medio la trataban como a la mamá. Ella era callada, tímida y no tenía ningún poder. El hermano menor era tratado como un juguete, y terminó simulando toda la disfunción y la tensión real de la familia que estaba siendo reprimida por el injusto equilibrio de poder de papá. El doble mensaje aquí, por supuesto, era que:

"Nosotros los tratamos a todos ustedes de la misma manera."/"No tratamos a ninguno de ustedes de la misma manera."

Es cierto que no hay dos hijo(a)s iguales en una misma familia y que cada niño(a) desarrolla su propia personalidad. Pero una familia es disfuncional cuando un(a) hijo(a) tiene todo el poder y la atención de la familia o cuando uno de los cónyuges tiene todo el poder. En esta familia, la noción de igualdad era una quimera perpetrada por un esposo y padre autoritario y una madre que la aceptaba.

Incapacidad para jugar y divertirse

Esta es una de las características claves de los Niños Adultos de familias disfuncionales. Por ejemplo, muchos de los que nos convertimos en alcohólicos a menudo somos vistos como demasiado "amantes de la diversión e irresponsables," pero el hecho es que, cuando crecemos en familias compulsivas o adictivas, el mundo es un lugar demasiado serio en donde estar. Siempre estamos al borde del agotamiento. Siempre estamos tratando de demostrar nuestro valor mediante lo que hacemos, en lugar de aceptar simplemente quiénes somos.

Frank tenía un problema en esta área. "Trabajaba duro y jugaba bastante" pero el juego que practicaba era altamente estructurado y competitivo. Poder jugar significa poder "soltar o dejar ir." Ser capaz de soltar significa poder confiar, ser capaz de confiar en que estamos bien, incluso si hacemos el ridículo de vez en cuando. Es bastante difícil jugar de verdad y no arriesgarse a hacer el ridículo.

La risa espontánea y el buen humor son un poco difíciles para aquellos hijos que, como Anita, asumieron el papel de "la pequeña mamá" mientras crecían; o que, como Sandy, usaron mucha energía para verse "respetables" mientras estaban en la escuela, a pesar de la horrible violencia y el caos que estaban viviendo en casa. En las familias sanas podemos jugar verdaderamente y sentirnos seguros. Sabemos que si las cosas se salen de control, alguien nos hará volver al camino correcto con firmeza, pero también con delicadeza. En las familias malsanas, el juego comienza de manera saludable, pero casi siempre termina con alguna persona lastimada física o emocionalmente. Nadie sabe cuándo parar. Nada es suficiente. El buen humor se utiliza para lastimar tan a menudo como para divertirse. El hecho de "soltar" se convierte en un caos. No existen límites. "Juguemos fútbol" se convierte en "demostremos quién es mejor que todos los demás." "Vamos a practicar lucha libre" se convierte en "vamos a lastimar a alguien." "Está bien coquetear," se convierte en "quiero ser infiel."

Una vez más, al igual que con otros temas ya discutidos, el tema del juego y la espontaneidad se convierte en un asunto de extremos en las familias disfuncionales. Se convierte ya sea en nada en absoluto, en donde todos están totalmente serios y lúgubres, o en un caos y daño total. Por muy trillado que parezca, encontrar ese camino intermedio es lo más difícil de lograr para un adulto que haya crecido en una familia malsana.

Alta tolerancia de comportamientos inapropiados/Dolor

Esta característica nos dice cómo nos convertimos en santos y mártires cuando somos niños y luego cómo salimos al mundo de los adultos y tratamos de seguir en lo mismo. Esto se deriva de aprender a negar nuestros sentimientos cuando somos niños, de aprender a protegernos de la violación de nuestros límites y el abuso emocional o físico. Se deriva de ver a uno o ambos de nuestros padres negarse repetidamente a cuidar de sus propias necesidades. Proviene de normas religiosas o culturales que dicen que los demás siempre deben ser los primeros. Viene de observar patrones de vida autodestructivos en nuestros padres que trabajan, beben, cuidan a los demás, comen, gritan, mienten, trotan e incluso juegan demasiado.

Después de poner a todos los demás en primer lugar año tras año y de nuestra abnegación y negación de los sentimientos, llegamos a enorgullecernos de lo mucho que podemos soportar antes de decir "¡Ay ay ay!"

"¿No te molesta que tu mamá siempre te critique tanto?," le pregunta a usted un amigo sano. "Realmente, no," dice usted vacilando. "Ella ha tenido una vida tan dura. Entiendo por qué lo hace." Está bien que usted entienda por qué lo hace. Pero, ¿es saludable para usted someterse a tal abuso, día tras día? ¿Qué le hace eso, a una persona a lo largo de los años? Realmente es bastante simple. *Nos enseña a subestimarnos y a abusar de nosotros mismos.*

En muchas familias no solo aprendemos a tolerar comportamientos inapropiados, sino que también aprendemos a soportar mucho dolor físico. Un amigo nuestro sufría de infecciones crónicas del oído cuando niño pero su familia estaba en tal situación que él iba rara vez al médico para que lo trataran. Su papá era un tipo de actitud particularmente "machista" y la mayoría de las veces decía: "Oh, vamos, Billy. No es tan malo. Aguanta hijo." Su mamá era más comprensiva, pero permanecía bajo tal estrés todo el tiempo que simplemente no podía cuidarlo de forma adecuada. Ella pasaba la mayor parte de su tiempo peleando con papá sobre la "intimidad," como ella la llamaba.

Así que Billy aprendió a soportar mucho dolor y poco a poco llegó a enorgullecerse de esa "fuerza" que tenía. Muchos quedaban impresionados con la tolerancia que tenía al dolor, conforme se convertía en un adulto. No fue sino hasta que Bill murió de cáncer a la edad de 36 años que la gente pensó que eso no era saludable.

Lo que ocurrió fue que Bill había tenido síntomas dolorosos por 18 meses antes de decidir consultar con su médico y, para entonces, ya era demasiado tarde. Murió tres meses después.

Como adultos que hemos aprendido a tolerar muchos comportamientos inapropiados de los demás, nos encontramos reproduciendo nuestra infancia en nuestras relaciones actuales. Nos involucramos en relaciones abusivas o manipuladoras donde nuestras parejas nos mienten repetidas veces, nos lastiman físicamente o nos critican sin piedad y, simplemente, seguimos con esa persona. Ponemos muchas excusas para justificar su comportamiento. Nos enorgullecemos de lo tolerantes y pacientes que somos. Comenzamos a creer que somos mejores que todos los demás porque a las únicas personas que dejamos entrar en nuestras vidas son a las abusivas.

El dicho popular, *"Life's a Bitch And Then You Die"* ("La vida es trágica y, luego, nos morimos...") se convierte en nuestro credo. Oramos mucho, pero no hacemos nada para salir de la relación destructiva. Tratamos de reformar a la otra persona siempre con la esperanza de que hoy sea el día en que ella o él cambie. Pero el cambio rara vez ocurre por sí solo.

¿Qué haría alguien con una taza llena cuando se enfrenta a una relación abusiva o manipuladora? Nuestro hijo de nueve años lo expresó de la mejor manera. Lo llevamos a él y a nuestras dos hijas a ver la versión cinematográfica de *"El Color Púrpura"* cuando se estrenó por primera vez. Mientras discutíamos la película en la cocina esa noche, David se quedó en silencio por un momento y luego preguntó pensativamente: "¿Por qué no se fue ella simplemente?" Eso, por supuesto, es lo que haría una persona que tiene su taza llena. Simplemente se iría.

Enredo emocional

El enredo emocional es un término tomado de la teoría de sistemas familiares y es en realidad un problema cuando se trata de definir límites. Es un término muy comúnmente utilizado hoy en día y, por eso, consideramos que también merece ser discutido por sí solo.

En simples palabras, un enredo emocional es un enredo complicado. Cuando las personas tienen enredos emocionales entre sí, es casi imposible para ellas ver dónde terminan sus identidades y dónde comienza la de la otra persona. Mis problemas se convierten en sus problemas y sus problemas se convierten en mis problemas. Yo lo culpo a usted por mi infelicidad y usted me culpa a mí por la suya. No puedo hacer un movimiento sin que la otra persona lo sepa o comente sobre él y viceversa.

En una familia que tiene un enredo emocional, todos se entrometen en los asuntos de todos los demás miembros de la familia." En una familia atada emocionalmente, no se puede ir al baño sin que alguien tome nota de ello. La triangulación existe de manera desenfrenada en las familias que se encuentran atadas emocionalmente. Todos corren como pollos sin cabeza, yendo de un miembro de la familia a otro, "difundiendo las noticias," tratando de solucionar los problemas de todos los demás, diciéndoles cómo vivir sus vidas y, así, sucesivamente.

Ninguno tiene una identidad propia. No hay separación. No hay claridad de los límites. Hay mucho incesto emocional. Ninguno toma la responsabilidad de su propia vida. A nadie se le permite vivir en paz ni cometer sus propios errores y aprender de ellos con dignidad. Todos están tan inmiscuidos con los demás que, cuando un miembro de la familia se deprime, eventualmente, le pasa lo mismo a los demás y, para compensar, todos se vuelven maníacos. Cuando una persona está en auge, los demás están en auge o, si se ponen de mal humor, se deprimen.

Es como si todos estuviéramos juntos en una balsa salvavidas a merced del mar que cambia constantemente. Vamos de arriba para abajo y de un lado a otro. Es una gran familia feliz, atrapada en una red interminable de emociones y problemas.

NOTA

Como dijimos anteriormente, hay muchas maneras de describir los rasgos familiares que conducen a una edad adulta infeliz. Esperamos que nuestras categorías le den a usted la idea básica. Quizás lo más importante que se debe tener en cuenta es que usted tiene que vivir en su propio cuerpo con sus propios sentimientos y con su propia historia familiar.

Aunque es extremadamente importante compartir su experiencia con los demás, también lo es evitar el síndrome del sube-baja (uno arriba... uno abajo). Puede ser cierto que su infancia haya sido un desastre en comparación con la de su amigo. Pero también es cierto que, a su alrededor, hay alguien cuya vida ha sido un desastre en comparación con la suya. La paradoja de todo esto es que necesitamos compartir nuestras vidas con otras personas y definirnos como individuos, separados de otras personas. En el mundo de la historia familiar y desarrollo emocional, no todas las personas fueron creadas iguales. En la superficie, al menos, la vida no es justa. Haga su propio inventario y deje que sus amigos hagan los suyos.

Interludio

Capítulo 9

El ganso

Érase una vez en una tierra lejana llamada *Minnesota del Norte* en donde había una familia de gansos que vivían en un estanque tranquilo, ubicado en las afueras de un pequeño pueblo. El Señor Ganso, la Señora Gansa y sus tres ansarinos pasaban mucho tiempo en el estanque y disfrutaban de sus vecinos el señor Castor y el Señor y Señora Somorgujo.

En las tardes soleadas después de que se calmaba el viento, se reunían cerca de la casa del Sr. Castor y hablaban sobre sus familias y sus planes para el invierno. Como era de costumbre para todos los habitantes normales de *Minnesota del Norte*, el clima siempre era el primer tema de conversación.

"¿Está el clima lo suficientemente caliente para usted, señora Gansa?" Preguntó el Sr. Somorgujo. "¡Cielos, sí!" respondió la Sra. Gansa, con un suspiro de consternación simulado en su voz. "Bueno, no lo sé," dijo el Sr. Castor en una voz aguda. "Este clima me gusta hasta cierto punto."

El Sr. Ganso escuchaba por un oído mientras miraba hacia el estanque y pensaba en la maravillosa vida que todos habían hecho para sí mismos. Sus ansarinos estaban creciendo más rápido de lo que jamás había imaginado y estaba pensando en el viaje hacia el sur que todos harían en unos pocos meses así como en el momento en que podrían regresar a este estanque nuevamente, cuando se acabara el largo y frío invierno de *Minnesota del Norte*. Le encantaba este lugar.

Mientras los adultos conversaban, los tres ansarinos nadaban en la mitad del estanque, rozando su superficie y remando rápidamente con sus patas mientras intentaban volar por primera vez. Ninguno de ellos lo lograría hoy pero lo harían muy pronto. Cuando se detenían a descansar, el ansarino menor les decía a sus hermanitos "¿Saben qué? No me he estado sintiendo muy bien en los últimos días. He sentido un poco de náusea y me duele la cabeza."

"Bueno," respondió su hermana, "probablemente estás ansioso por el gran viaje que vamos a hacer hacia el sur durante este invierno. Después de todo es un largo viaje lejos de casa."

"Sí," agregó su hermano, "y has estado trabajando muy duro para aprender a volar. ¿Por qué no te vas al lado de mamá y papá y tomas un descanso?"

El ansarino menor frunció el ceño diciendo, "No lo sé. Simplemente siento que algo anda mal. No sé exactamente qué es pero algo me dice que las cosas no están bien."

"Ganso Tonto!" respondieron su hermano y su hermana al unísono. El ansarino menor comenzó a nadar hacia el borde del estanque… al sitio donde estaban sus padres. Antes de llegar allí, se desvió hacia la izquierda a una pequeña bahía que estaba rodeada de totoras y nenúfares. Al llegar notó un olor peculiar y vio dos peces muertos flotando boca arriba en la superficie del agua. Se preguntó si habría algo malo en su estanque y si podría ser esa la razón por la cual se sentía un poco enfermo.

Remó para salir fuera de la bahía y llegar a donde estaban sus padres, el Señor Castor, y el Señor y Señora Somorgujo.

"Mamá, papá," comenzó a decir el pequeño, "creo que hay algo malo en este estanque. Hay algo en él que me está enfermando." Los miró a los ojos, esperando ese rayo de orgullo y reconocimiento en sus expresiones que mostrara su interés en su descubrimiento.

Sin embargo, la Sra. Gansa espetó: "¡Mira tú… Ganso tonto! ¿Qué te hace pensar eso? ¡Caramba, hijo! ¡A veces se te ocurren las cosas más tontas!"

Decepcionado, pero aún con esperanza, miró a su padre, quien dijo, "Sí, hijo, a veces se te vienen a la cabeza ideas muy extrañas."

" Tonto ansarino," cacarearon el Sr. Castor y los Somorgujos al unísono.

Bueno, eso era todo lo que el ansarino menor podía soportar. Sus sentimientos estaban heridos pero quería ser todo un ganso así que, simplemente, levantó la cabeza en alto, se dio la vuelta lentamente y dijo: "Supongo que así es." Y luego se alejó nadando.

Esa noche, sus padres y sus hermanos se rieron mucho del "descubrimiento" que hizo el ansarino menor.

"Miren, hemos estado regresando a este estanque cada primavera desde que tengo memoria," dijo el Sr. Ganso. "Y nadie se ha enfermado ni un día desde que estamos aquí," agregó la Sra. Gansa.

"Está bien, está bien." gritó el ansarino menor, "¡Ya es suficiente!"

En pocos días, todos se olvidaron del incidente y las cosas volvieron a la normalidad.

Aproximadamente dos semanas después, el ansarino menor comenzó a sentirse enfermo de nuevo pero, habiendo aprendido la lección la primera vez, no pensó en contar a alguien en el estanque sobre su condición.

Al principio no sabía muy bien qué hacer. Regresó a la pequeña bahía, vio más peces muertos y volvió a percibir ese olor. Luego, hizo un recorrido por el resto del estanque y descubrió que algo similar estaba sucediendo allí. Había algunos peces muertos aquí y allá, y el olor extraño. Sentía un ligero dolor de cabeza y nausea que pareciera no iban a desaparecer.

A estas alturas, ya era capaz de volar y aunque se sentía débil, decidió romper la norma que sus padres y sus hermanos habían establecido para él, voló sobre sobre el borde del estanque y se fue. Una vez que ganó altura, notó un gran lago en la distancia con una gran población de gansos, patos y somorgujos… y se dirigió hacia allá.

Después de unos minutos, descendió con gracia a la superficie del lago a unos cincuenta metros de un gran grupo de gansos que estaban nadando, disfrutando del sol de la tarde. Al principio dudó en acercarse a ellos porque sus padres le habían dicho que no saliera de su propio estanque y porque esos gansos eran desconocidos. Sin embargo, fueron muy amables y lo invitaron a unirse a ellos en su conversación.

Poco después de que comenzaron a hablar, el ansarino menor les contó lo que le había estado sucediendo últimamente. Mientras hablaba, el Ganso Mayor de la bandada se puso muy serio. El ansarino menor notó que el Ganso Mayor frunció el ceño y que de repente comenzó a graznar furiosamente.

"¿Dónde vives exactamente, hijo?," le preguntó el ganso mayor al ansarino menor. "A pocos minutos de aquí a vuelo de ganso," le respondió. "En ese estanque detrás de esa granja abandonada." Entonces, el Ganso Mayor graznó aún más fuerte.

"¡Debes volar a casa y advertirle a tu familia y a todos los demás que viven allí de inmediato que ese estanque es veneno… créeme! Allá vivimos nosotros también hace un tiempo. Su rostro se puso triste. "Perdí a dos de mis ansarinos por causa de ese estanque," dijo el Ganso Mayor.

El ansarino menor no dudó ni un instante. Despegó y voló directamente al estanque donde sus padres estaban nadando.

"¡Papá! ¡Mamá!" gritó. "Sé que se supone que no debo salir del estanque pero tenía que escapar. Me sentía muy enfermo y tenía mucha curiosidad. De todas maneras, hablé con algunos gansos que encontré en un lago cerca de aquí y el Ganso Mayor dijo que el agua de este estanque es veneno, y que perdió dos ansarinos por su causa. ¡Debemos salir de aquí de inmediato!" dijo emocionado.

El Sr. Ganso miró severamente a su hijo y le dijo: "Te dijimos que nunca salieras de este estanque hasta que todos estuviéramos listos para volar hacia el sur durante el invierno. Has violado nuestra norma más importante. Estamos muy decepcionados de ti ¡Ahora vuelve al nido y no salgas de allí hasta que te digamos!"

El ansarino menor estaba desconsolado y aterrorizado. No sabía qué hacer. Amaba a su familia y quería ser un buen ansarino, pero tampoco quería que su familia muriera. Comenzó a regresar al nido, pero justo antes de llegar, de repente se volvió, miró hacia el cielo, recordó las palabras del Ganso Mayor y voló hacia el gran lago.

Había decidido vivir en lugar de morir pero estaba tan triste que lloró durante la mayor parte de los cuatro días siguientes. Los miembros de la bandada del gran lago se detenían para consolarlo y decirle que había tomado la decisión correcta pero aún sentía un profundo dolor en su interior. En varias ocasiones, intentó levantarse y volar de regreso al estanque, pensando que morir con su familia sería mejor que vivir con extraños. Pero cada vez que lo pensaba, algo profundo dentro de él le decía que se quedara quieto.

Y entonces algo sucedió. Casi tres semanas después de haber salido de casa, vio a un ganso solitario, o tal vez era un ansarino pensó él, que volaba hacia el lago. Sus ojos estaban enfocados en el ave. Su corazón saltó cuando se dio cuenta que era su hermano. Él también había comenzado a sentirse enfermo. Se había metido en una gran pelea con el Sr. Ganso pero, finalmente, había decidido unirse al ansarino menor. Tres días después, su hermana se unió a ellos y, una semana después, también lo hizo la Sra. Gansa. Finalmente, una semana después, el Sr. Ganso, enfermo del estómago y, con dolor de cabeza palpitante en sus sienes, se unió al resto de la familia en el gran lago.

Tomó mucho valor de su parte pero, una vez que se instalaron en su nuevo hogar, el Sr. y la Sra. Ganso convocaron una reunión de toda la bandada.

Mientras el silencio se propagaba en el lago, el Sr. Ganso puso su ala alrededor del ansarino menor y dijo: "Este es mi ansarino menor. Durante un tiempo pensé que era un ansarino perverso y egoísta. Pensé que era un ansarino tonto. Pero no lo era. Nosotros éramos los gansos tontos y el ansarino menor nos salvó la vida. Estamos orgullosos de él."

Una lágrima cayó sobre el pico de la Sra. Gansa. Era una lágrima de orgullo, alivio y gratitud. El corazón del ansarino menor se llenó de alegría a medida que todos los patos, somorgujos, gansas y gansos comenzaran a graznar en el gran lago con mayor fuerza y a llamar a otros a celebrar su valentía, sabiduría y fortaleza.

Ese invierno, todos volaron juntos hacia el sur y en la primavera regresaron al gran lago. Ahora estaban contentos de ser parte de todas las bandadas, con la seguridad de que el agua del lago era pura y sus amigos verdaderos. De esta manera, sus ansarinos podrían crecer sanos y fuertes.

Parte III
¿Qué me está pasando?

"Algunos dicen que somos personas diferentes en diferentes períodos de nuestras vidas, que cambiamos aproximadamente cada diez años no por voluntad propia, lo cual sería valiente, sino por el curso normal de la naturaleza... Creo que uno sigue siendo la misma persona en todo momento pero que, simplemente, pasamos en estos periodos de tiempo como si fuera de una habitación a otra, pero dentro de la misma casa. Si abrimos los cerrojos de las habitaciones del pasado, podemos mirar de cerca y vernos a nosotros mismos bastante ocupados, comenzando a convertirnos en lo que somos tú y yo."

*J.M. Barrie... tomado de la dedicatoria en la primera edición de su libro titulado **"Peter Pan"***

Capítulo 10

La negación

No necesito ninguna ayuda. Yo mismo puedo superar esto."

"¿Problemas maritales? No tenemos ningún problema matrimonial. George ha estado demasiado cansado últimamente porque ha tenido mucho estrés."

"Pero yo no soy un..."

"No había alcoholismo en *nuestra* familia. Bueno, a la abuela le gustaba su brandy de vez en cuando, pero..."

Martin Short, una de las estrellas creativas del programa "*Saturday Night Live*" del canal de televisión NBC, retrató el epítome de la actitud defensiva y negación en uno de los personajes que creó para ese programa.

Los alcohólicos en recuperación se divierten mucho cuando alguno de sus compañeros recuerda haber actuado en la vida real de la manera como Martin Short actuaba en esa comedia.

"Lo sé. Todo el mundo lo sabe. Es tan tonto que pensaras que yo no lo sabía. No me estoy poniendo a la defensiva. Tú eres quien se está poniendo a la defensiva. ¡No estoy a la defensiva!"

La negación es una de las formas en que nos protegemos de una realidad que es demasiado dolorosa para dejarla entrar en nuestras mentes conscientes. Sirve tanto para un propósito saludable como para uno malsano, dependiendo de cómo la utilicemos. Cuando sufrimos una pérdida catastrófica, es apropiado que entremos en un estado de negación por un tiempo. Es como si un escudo protector nos cubriera, el cual podemos retirar posteriormente poco a poco a medida que nuestro ego sea capaz de darle sentido a la tragedia. Esto es lo que hacemos cuando alguien cercano a nosotros muere, cuando perdemos un trabajo o cuando nuestra casa se quema totalmente o se nos informa que tenemos una enfermedad terminal. A medida que nuestras heridas psíquicas comienzan a sanar, dejamos que más y más de la tragedia se convierta en realidad, hasta el día en que estemos listos para continuar con el resto de nuestras vidas.

En los sistemas disfuncionales, la catástrofe que nos golpea es continua y la negación se convierte en un estilo de vida en vez de una medida de protección que debe utilizarse únicamente en circunstancias extremas. El dolor de vivir en un sistema disfuncional es similar a una tortura lenta, en lugar de tener una muerte instantánea. Día a día, año tras año y década tras década, nos escondemos cada vez más profundamente en una concha de negación, autoprotección, aislamiento y futilidad que se alimenta con nuestra vergüenza y pena que surge ante la idea de que alguien descubra lo que realmente está sucediendo dentro de nosotros. Esa es la naturaleza de los sistemas disfuncionales; son cerrados e implosivos y cada vez más autodestructivos. En ese sentido, son como tumores malignos en el cuerpo.

En algunos casos, la negación puede también ser muy difícil de detectar. Conocemos a muchas personas que realmente han dejado de consumir licor o cocaína por completo y, sin embargo, todavía están en una negación casi total sobre su enfermedad. Sabemos de otros que pueden afirmar claramente que son adictos al trabajo, a las drogas o a las relaciones y, sin embargo, continúan alimentando y practicando su adicción.

Ellos dicen: "No estoy en negación. Sé que soy alcohólico. ¿Cómo puedo estar en negación?"

¡Bueno, eche un vistazo a su alrededor! ¡Abra sus ojos! Mire el rastro de destrucción que usted sigue dejando en su camino. Mire las relaciones vacías y desesperadas. Mire a su cónyuge, hijos y amigos que están luchando dolorosamente por la forma como usted los trata. Ellos lo(a) aman, pero también lo(a) odian. Quieren estar con usted pero también están aterrorizados de usted. Ellos mismos se están volviendo adictos de una cosa u otra.

Todos nos encontramos en negación

Podemos comprar una casa nueva, tener otro hijo, mudarnos a una nueva ciudad, cambiar de tomar whisky a cerveza o probar cualquier otro truco inútil e ineficaz para "arreglar las cosas" pero, hasta que no admitamos que las cosas no son como nos fantaseamos, nada mejorará. Y todos nosotros en el sistema adictivo lo hacemos, no solo aquel a quien todos estamos señalando con el dedo.

Su mamá puede ser una "adicta identificada," tal vez adicta al Valium, pero si usted ha estado dentro del sistema durante algún tiempo, usted también es una especie de adicto(a). La adicción engendra adicción. Ponemos excusas para las adicciones autodestructivas de nuestros seres queridos porque, detrás de todo, estamos luchando con los mismos problemas. Es, simplemente, mucho más seguro señalar a otra persona.

Además, aprendimos nuestra negación en la infancia y la trajimos con nosotros a la edad adulta; por lo que terminamos viviendo con un adicto a la cocaína, al sexo y hasta a la televisión.

Parte de la negación ocurre cuando finalmente nos damos cuenta de lo que ha sucedido y no podemos entender cómo pasó. Mire a una mujer verdaderamente sana, alguien de ese 5 por ciento superior de la curva normal, que realmente tiene todo bajo control. Ella sale con un tipo que parece estar a la altura. Debido a esto, él se está portando bien. Pero tiene el problema de adicción a la cocaína; cree que la muchacha es un buen partido y por eso no usa mucha droga cuando está con ella. De hecho, probablemente usa menos a su alrededor que con cualquier otra persona. Y todos sabemos, sin embargo, que la adicción a la cocaína es mucho más que usar demasiada cocaína. Es algo mucho más profundo. Significa que falta todo tipo de otras cosas en nuestro cuadro de desarrollo. También, que nuestras tazas no están muy llenas. Piénselo. ¿No cree usted que una mujer verdaderamente sana, sería capaz de detectar que algo más anda mal? Por supuesto que lo haría.-

"Es elemental, mi querido Watson," como diría Sherlock Holmes. Después de algunas citas, ella tendrá una sensación rara cuando se encuentre cerca de él. Es posible que ni siquiera pueda definirlo con palabras, pero eso no importa. Siendo una persona saludable, habrá aprendido hace mucho tiempo a confiar en lo que le diga su intuición sobre las personas. Ella notará que él puede sentirse incómodo en cierto tipo de conversaciones íntimas, que sus estados de ánimo fluctúan mucho más de lo que ella esperaría, que hay ciertas partes de su vida que parece haber bloqueado o cualquier otra cantidad de señales sutiles, que no lo son para ella.

Si ella está realmente sana, probablemente no se alejará de él de inmediato pero frenará la relación lo suficiente hasta que su instinto le diga que la termine porque ha aprendido de sus propias experiencias pasadas. Cuando era más joven, pudo haberse precipitado a entrar en una relación como ésta y finalmente haberse cansado.

Probablemente lo hizo cuando todavía era una adolescente o tenía un poco más de veinte años. Por ser ella una mujer sana, con una copa emocional bastante llena, pudo salir adelante porque no estaba desesperada por encontrar amor. Claro, le dolió por un tiempo pero no fue el fin del mundo. Y lo mejor de todo fue que, al no hallarse en un estado de negación constante, ella aprendió de sus experiencias porque lo más triste de la negación es que nos impide el aprender de nuestros errores.

De modo que ella espera y observa. Tarde o temprano, la dependencia subyacente de su amigo quedará expuesta. Él querrá "atraparla," poseerla, capturarla ahora y para siempre para llenar ese terrible vacío que tiene en sí mismo y que ha estado llenando con cocaína. Él querrá casarse y deseará pasar más y más tiempo con ella. O, como castigo por no darle todo lo que quiera, cuando él lo desee, se alejará de ella sin ninguna razón por ciertos períodos de tiempo. Tomará todo como un juego y la relación se convertirá para él en una partida de ajedrez en lugar de una interacción sana y respetuosa.

Eventualmente, él cometerá un gran error. Se enfadará, o explotará de rabia, o se irá de juerga y ella se enterará cuando menos lo espere. Así, con sus presentimientos confirmados, ella se alejará honesta y discretamente. A medida que ella retroceda, los síntomas de dependencia severa de Martín Short aumentarán. Ella retrocederá un poco más por autoprotección. Entonces, todo se acabará y la mujer dará un suspiro de alivio. El murmurará que ella es una "bastarda" y volverá a su negación. Ella habrá confirmado su realidad.

"Al menos ahora puedo consumir cocaína cuando quiera. Ella no era un buen partido después de todo," él se dirá a sí mismo.

Y la continua oscuridad de la negación lo envolverá de nuevo. "La última vez que hablé con ella me dijo que pensaba que yo tenía un problema con la cocaína y que debía buscar ayuda para resolverlo. ¡Hum! ¿Tengo un problema? Ella debe estar bromeando. Todo el mundo sabe que no tengo ningún problema. Ella es la que lo tiene. Es gracioso que diga que yo tengo un problema cuando es muy obvio para todos que ella es la del problema."

¡Martin Short, mira lo que te has perdido! Alguien está tratando de ayudarte de nuevo y mira lo que estás haciendo…

Muchos psicoterapeutas tienen un dicho: "Vas a tener que sentirte mucho peor antes de que te sientas mejor." La negación nos impide sentirnos verdaderamente mejor.

Es como el caso de una amiga nuestra que tenía una infección leve debajo de la uña. La punta de su dedo comenzó a hincharse hasta que le empezó a doler bastante. Finalmente consultó a su médico, quien de inmediato se preocupó bastante por su condición y le inyectó el dedo con novocaína, le arrancó la uña y le controló la infección. ¡Eso le dolió tanto! Curiosamente, unos días después, el dolor desapareció. En unas pocas semanas, su dedo estaba totalmente sano.

La negación es así. Es como el tejido que encierra a un forúnculo, protegiendo el resto del cuerpo de la infección. Y, al igual que con los forúnculos, a veces no podemos curarnos a nosotros mismos.

En el caso de la negación que rodea nuestras adicciones, esto es cierto casi universalmente. La carcasa del "tejido" psicológico se vuelve cada vez más y más gruesa, el forúnculo se agranda más y más, y experimentamos mucho dolor. Cuanto más dolor sentimos, mayor se vuelve la negación. Repetimos los mismos errores una y otra vez. El forúnculo se hace más y más grande. Sin ayuda alguna, finalmente estalla y luego tenemos un verdadero desastre en nuestras manos. Con las adicciones, este lío no es solo un poco de sangre y secreción purulenta. Es el divorcio, el abuso, la depresión o la muerte. La negación a largo plazo simplemente no le hace ningún bien a nadie… nunca.

Capítulo 11

Los sentimientos

Todos nuestros síntomas son enfermedades de los sentimientos

Por favor recuerde esto, aunque no recuerde nada más de la lectura de este libro: Nuestros síntomas son mecanismos malsanos que utilizamos para evitar nuestros sentimientos. Éstos asfixian, ocultan, distorsionan y confunden nuestros sentimientos. Convierten el miedo y la tristeza en rabia. Crean depresión por causa de la ira y el miedo a la soledad. En muchos casos, causan una distorsión única en la que la abundante y completa gama de emociones humanas normales son canalizadas en uno o dos sentimientos abrumadores. De esta manera, la soledad, la tristeza, el miedo, la vergüenza y el rechazo son todos arrojados en una olla y como resultado, son expresados a través de la ira.

Esta ira luego se manifiesta como amargura e infelicidad con la vida propia o con las personas involucradas en nuestra existencia. Posteriormente, la ira toma la forma de crítica e insatisfacción constante, perfeccionismo, beligerancia, tendencia argumentativa, combatividad, y otras clases de abuso emocional.

De la misma manera, los sentimientos de ternura, dulzura, calidez, seguridad, cercanía y sensualidad se arrojan en una olla y como resultado son expresados como lujuria; por lo cual, los cónyuges de todo tipo de adictos dicen que algunas veces sus relaciones sexuales son geniales pero que se sienten solos y vacíos en la relación. No hay nada malo con la ira o la lujuria en sí mismas.

Lo que estamos afirmando es que estos son los únicos sentimientos que tenemos y, entonces, hay algo mal. Los seres humanos sienten algo más que estos dos.

Como ya lo saben muchos médicos, el costo de este debilitamiento y distorsión es mucho más que relaciones problemáticas. Un estilo de vida constantemente lleno de apresuramiento y enojo conduce a un mayor riesgo de enfermedades y ataques cardíacos. Un estilo de vida estresante y centrado en los demás conduce a un gran número de trastornos relacionados con el estrés, que van desde la hipertensión y el dolor de cabeza, hasta problemas gástricos, fatiga y depresión crónica. Todos estos son de una manera u otra, problemas de los "sentimientos." Y la razón por la cual persisten y son tan invasivos es que a muchos de nosotros nos aterroriza admitir nuestros sentimientos reales.

Cuando ya hemos desarrollado algunas de las consecuencias más graves de las enfermedades de los sentimientos, vivimos en tal estado de negación que es casi imposible hacernos admitir incluso que tenemos un problema.

"Las cosas mejorarán en mi matrimonio cuando nos alejemos de nuestros familiares. Entonces tendré tiempo para dedicarle a mi familia." "Solo necesito este Valium para poder pasar las vacaciones. Después, dejaré de usarlo tan a menudo."

"Sé que mi esposo necesita ir a un tratamiento de adicción sexual pero no es el momento adecuado para tener toda esa conmoción en nuestras vidas. Las cosas van bien y él no está saliendo todas las noches. Haremos el tratamiento este verano cuando tengamos el tiempo y la energía que sean necesarios."

"Sé que mi hija ha estado comiendo y purgándose (bulimia) pero, desde que nos lo contó, dejó de hacerlo por dos semanas. Realmente ya no creo que eso sea un problema."

Lo que todas estas personas están haciendo es negar sus sentimientos. En los sistemas disfuncionales, aprendemos temprano y bien que, para sobrevivir en el sistema, debemos pagar un "pequeño" precio; aprendemos a negar, ignorar o escapar de nuestros sentimientos. Aprendemos a apagar esa pequeña e insistente voz que nos dice continuamente: "Te duele, maldita sea. Es hora de hacer algo." Así que seguimos realizando nuestras actividades cotidianas, aprendiendo a "esperar" que las cosas mejoren mientras esa pequeña voz (nuestros sentimientos) continúa enviándonos mensajes.

Cuando ignoramos esa voz por tiempo suficiente, los mensajes se manifiestan en nuestros propios cuerpos y en el comportamiento de nuestro cónyuge e hijos. Nuestros sentimientos empiezan a "manifestarse" en dolores de cabeza, dolores de estómago, úlceras, fatiga, depresión e impotencia. También se manifiestan en nuestros hijos con luchas de poder, trastornos compulsivos, timidez, ira y abuso de sustancias químicas. Y debemos persistir, nos decimos a nosotros mismos. "Si puedo aguantar un poco más, las cosas mejorarán."

Uno de nuestros dichos favoritos, que usamos en nuestros grupos de terapia, es: "Insensatez es seguir haciendo lo mismo y esperar resultados diferentes." Por lo tanto, aunque admitir nuestros verdaderos sentimientos a nosotros mismos y a los demás es aterrador por las consecuencias, el impacto a largo plazo de no admitirlos, es desastroso.

Esto nos recuerda a la pareja que juró nunca enojarse "demasiado" el uno con el otro, porque ambos provenían de familias iracundas y conflictivas. Después de 15 años de aparente felicidad y armonía matrimonial, esta pareja terminó en nuestra oficina llena de rabia incontrolable, una rabia acumulada duarnte 15 años de irritaciones y resentimientos normales que la pareja había negado y ocultado debido a su voto bien intencionado. Su hija era suicida y a su hijo le estaba yendo mal en la escuela. Ellos no tenían la menor noción de lo que andaba mal.

Durante la primera sesión, nos recordaron repetidamente el voto que habían hecho y cuánto habían trabajado para cumplirlo todos estos años. Era dolorosamente aparente, debemos añadir, que las pequeñas voces dentro de ellos eran más sensatas y estaban buscando la manera de romper el voto sin terminar con el matrimonio.

La incapacidad para identificar los sentimientos y la inhabilidad para expresarlos son dos características diagnósticas clave de las familias o individuos disfuncionales.

"¡No estoy enojado!" grita él, apretando los dientes.

"¡Ah! ... Estoy bien!" dice ella con un tono de voz apagado, deprimido y sin emociones.

Una de las declaraciones más comunes en las primeras etapas de la terapia es: "¿Por qué sigue preguntándome cómo me siento? No sé cómo me siento. Simplemente no lo sé." Más adelante, cuando empezamos a identificar realmente esos sentimientos, decimos: "Sí, soy muy infeliz en esta relación, pero si digo algo al respecto, la lastimaré a ella (ella se irá o se enojará conmigo, etc.)"

Tenemos una lista de aproximadamente 75 "palabras sobre sentimientos" que a veces damos a nuestros clientes para ayudarlos a descubrir lo que realmente está sucediendo dentro de ellos mismos. De hecho, es una lista que realmente podría reducirse a solo unas pocas palabras, como se hace en muchos centros de tratamiento de dependencia. Éstas son:

solitario(a)

herido(a)

triste

temeroso(a)

alegre

enfadado(a)

avergonzado(a)

culpable

Mire esa lista. Es muy simple, ¿cierto? "¿Cuál es el problema? ¡Yo sé cuándo tengo esos sentimientos! ¿De qué me habla? ¡Tengo acceso a todos esos sentimientos!" Si tiene acceso a ellos, entonces está muy bien. Es fundamental tener acceso a nuestros sentimientos para evitar desarrollar un estilo de vida disfuncional. Pero sea honesto consigo mismo.

Solitario(a)

¿Se admite a sí mismo que se siente solo cuando su cónyuge sale fuera de la ciudad por dos semanas? ¿O se dedica a ir a fiestas, al atletismo o al consumo de drogas para evitar sentir esa soledad o lidiar con ella de manera saludable? Y, si se admite a sí mismo que se siente solo, ¿qué hace con ese sentimiento? ¿Arremete contra su cónyuge y convierte ese sentimiento en ira, diciéndole una y otra vez lo difícil que fue para él o para ella el hecho de que estuviera fuera y lo irresponsable que fue al haberse ido? ¿Lo(a) hace sentir culpable pasivamente al deprimirse, quejarse y enfadarse?

Si usted es emocionalmente honesto(a) consigo mismo, simplemente dejará que esos sentimientos salgan a flote. Usted no reaccionará por causa del dolor, la ira o la desesperación, porque la reacción en el campo de los sentimientos generalmente significa que hemos perdido el control de nosotros mismos de una manera poco saludable. Esos sentimientos permanecerán allí en la superficie y usted se tomará el tiempo para pensar en ellos. ¿Se ha ido él o ella por demasiado tiempo? ¿Soy demasiado dependiente de él o ella? Hay una brecha aquí en mi vida. ¿Cómo quiero llenarla? ¿Qué dice esa brecha sobre mí? ¿Qué dice sobre nuestra relación? ¿Es saludable o malsana?

Herido(a)

¿Qué hacemos con nuestros sentimientos de **dolor**? ¿Nos menospreciamos? "Yo no debería sentirme herido por ella. Una persona adulta no se sentiría herida, por lo tanto, no me duele. Mis sentimientos de dolor deben ser malos. Por lo tanto, soy malo (inmaduro, etc.). Así que, no dejaré que me sienta herido ahora. Fingiré que no me siento herido."

¿O convertimos el dolor en ira? "¡Está bien, macho! ¿Quieres jugar a ser agresivo? Jugaré a ser agresiva. ¡Ningún bastardo como tú me va a lastimar! ¡Toma esto! ¡Y esto! ¡Y esto!"

O tal vez nuestra forma de manejar el daño es ser pasivamente manipuladores. Con ojos tristes de cachorro, nos deprimimos en casa, dormimos mucho, decimos que no nos sentimos bien y nos quejamos incesantemente con la otra persona por lo hiriente que ha sido.

Cualquiera de los extremos es disfuncional. La reacción excesiva y la falta de reacción a nuestros sentimientos son caras opuestas de la misma moneda y, ambas, producen el mismo resultado neto... la negación de nuestros verdaderos sentimientos y un resultado insatisfactorio de nuestra interacción con la otra persona.

Triste

Alguna vez se ha sentido incómodo en un funeral o molesto con las reacciones que otras personas han tenido hacia usted en un funeral? A menos que esté en el funeral únicamente por motivos de negocios, el sentimiento más probable que usted tendrá en un funeral es la tristeza.

Terry Kellogg llama a la tristeza "el sentimiento curativo." Para sentirnos tristes, también debemos permitir que nos sintamos impotentes. La tristeza es la respuesta normal y saludable a la pérdida. Ésta puede ser la de un padre que ha muerto, un amigo que se ha mudado a otro lugar o su casa que ha sufrido un incendio. La tristeza se siente vacía al principio pero, eventualmente, se convierte en el combustible para renovar la esperanza y la existencia. La tristeza nos permite llorar sin sentirnos avergonzados. Nos permite tomar el tiempo para decir adiós. Y, lo mejor de todo, no requiere que hagamos gran cosa para actuar apropiadamente de acuerdo con la situación.

Nos sentimos muy incómodos en los funerales porque no nos permitimos sentir tristeza.

¿No se sentiría maravilloso si la próxima vez que experimentáramos una gran pérdida, uno de nuestros amigos o parientes simplemente se acercara a nosotros, nos abrazara y dijera: "Me siento triste…" en vez de, "Me siento triste por ti." Si dijera simplemente, "Me siento triste…" eso sería todo lo que necesitaría. Esta frase dice que la persona está conmigo, que él o ella es humano, que todos estamos indefensos ante la muerte, que todos estamos, en esto, juntos. Esto es afirmante, honesto, real y profundo. Realmente no hay que decir nada más.

Temeroso(a)

¿Y qué me dice del **miedo**? ¿Ha tenido miedo últimamente? "¡Yo no! ¡Soy un hombre! ¡Los hombres no sienten miedo!"

En nuestro trabajo con parejas, una gran parte de la ira expresada es, de hecho, el resultado de *miedo negado.*

Por ejemplo, "Estoy harto y cansado de lo que llaman la "liberación femenina," grita él. "Me siento tan liberado como cualquiera pero ella es muy irresponsable al volver a estudiar en la universidad mientras los hijos todavía están en la escuela y, francamente, no aguanto más (lo que, en muchas relaciones, se traduce en: "Me temo que saldrá al mundo y conocerá a otra persona a quien encuentre más atractiva que yo").

Como terapeutas, por ejemplo, también escuchamos mucho lo siguiente: "Oh, George, ¿qué demonios estás haciendo todavía yendo a ese estúpido grupo de hombres? Me estoy enfermando y cansando de toda esta estúpida basura de la terapia. Te vas una noche a la semana a ese grupo y otra a trabajar. ¿Cuándo vas a actuar como hombre y te vas a encargar de las cosas de la casa, como se supone que debes hacerlo?" (Esto se traduce en: "Temo que te recuperes y veas lo que está realmente detrás de mi enojo... el miedo").

¿Le da miedo cuando tiene una pelea con su cónyuge y debe irse a trabajar antes de resolver el problema? ¿Le da miedo cuando su amante le dice que algo anda mal con la relación?

¿Cómo reacciona cuando no puede pagar las cuentas del mes? ¿Le grita a su cónyuge e ignora pasivamente a sus hijos? ¿O se sienta con su cónyuge después de que los hijos se han ido a la cama y simplemente le dice: "¿Sabes, Sue? Estoy un poco asustado por nuestra situación monetaria y solo necesito compartir eso contigo en este momento."

Lo último tal vez parece cursi al verlo escrito, pero seguro que es mejor el hacer esto en lugar de asustar a todos los demás en la casa con una carga increíble de ira.

Alegre

¿Te sientes **alegre**? "¡Por supuesto que sí!"

¿Por qué razón? "Bueno... este... bueno... Me alegro de estar vivo... ¿es mejor decir eso?"

Ese es un buen comienzo. ¿Y además? "Bueno... no sé... Me alegro de que..."

Muchos de nosotros en realidad tenemos problemas para sentirnos contentos. "Me siento contento de haber conseguido ese ascenso, pero será mejor que no me sienta demasiado contento, porque podría no funcionar."

"Me siento contento de haber sido aceptado en la escuela de posgrado, pero será mejor que no me alegre demasiado, porque ellos no querían que fuera a la escuela de posgrado."

"Me alegro que el equipo de Jimmy haya ganado el torneo de béisbol pero será mejor que no me alegre demasiado, porque Frank nunca ganó un torneo cuando era un niño y ha estado compitiendo con Jimmy desde que nació."

A veces, es difícil sentirse contento porque nunca vimos a nadie cercano a nosotros sentirse así. Cuando estábamos creciendo, esa experiencia nos dejó con la sensación de que estar "contento" es terriblemente "malo."

Garrison Keillor (celebridad de la radio y escritor) se ha vuelto muy famoso con el tema del estoicismo del medio oeste de Estados Unidos.

En realidad, no es tanto que alegrarse sea malo. Más bien, es que la vida en que vivimos es tan seria que para salir adelante en ella es mejor tomarla en serio. Cuando los que nos crían no tienen acceso a ciertos sentimientos, tales como la "alegría," aprendemos a encajar en el sistema sin tener acceso tampoco a ese sentimiento. Y, mirando el panorama general, parece una omisión muy pequeña. Siento todo lo demás, excepto "alegría." ¿Y qué importa? Tener seis de cada siete sentimientos no está mal. Es cierto, excepto por una omisión del "panorama general."

Cuando una de nuestras emociones se obstruye, el resto de ellas tiene esa tendencia también porque lo que somos es lo que sentimos y, cuando tenemos un sentimiento humano espontáneo que no está permitido, comenzamos a cuestionar la idoneidad de nuestros otros sentimientos. Después de un tiempo, nunca estamos muy seguros si lo que está en nuestro núcleo emocional es bueno o no. Y, cuando comenzamos a juzgar si nuestros sentimientos (no nuestras acciones) son buenos o malos, entonces tenemos problemas emocionales.

Nuestros sentimientos son simplemente nuestros sentimientos y siempre estarán allí, fluyendo espontáneamente desde dentro de nosotros. Lo que pensamos sobre ellos y hacemos con ellos son dos cosas diferentes.

Una persona emocionalmente honesta le puede decir, "Me alegro que hayas venido a visitarme" y, cuando se vaya, le puede decir, "Me da tristeza que te vayas." Una persona emocionalmente incoherente dirá a su llegada, "¿Por qué no me visitas más a menudo? ¡Nunca haces nada por mí! Los hijos de la señora Jones la visitan dos veces al mes. ¿Qué te pasa? Nunca apreciaste lo que hicimos por ti." "Eh, qué pasó con la alegría?"

Enfadado(a)

Para muchos de nosotros, esta es la única emoción que tenemos. Para otros, es la que no nos permitimos tener. La ira es paradójicamente aterradora y liberadora. Puede ser un elemento engañoso, un truco para ocultar todas las demás emociones. Puede sacarnos de un aprieto más rápido que cualquier otra cosa. Nos libera de responsabilidades. (Por ejemplo, "Es tu culpa de él que me haya ido a sus brazos"). Puede hacernos sentir que estamos en lo correcto, lo estemos o no. Pero, si su enojo está encubriendo otra emoción, hágase un gran favor. Apáguelo absoluta y completamente por un tiempo y tome el riesgo final, vea si existe otra emoción escondida que está ansiosa por salir.

Para saber si esto es cierto, tendrá que pasar algún tiempo a solas consigo mismo, sin libros, televisión, amigos, cónyuge, amante o hijos.

Tendrá que quedarse a solas, aunque solo sea por unos minutos en los que usted esté tan solo que su conexión más profunda con la vida sea la concientización de su propio latido del corazón. Si hay otras emociones allí, déjelas que salgan a flote. Si, después de eso, todavía está enojado, entonces siga adelante. En otras palabras, si la ira es su juego, intente jugar con un conjunto diferente de normas. Si no lo es, será mejor que trate de jugar con una baraja completa de naipes.

En los círculos de las adicciones, hay quienes podemos enojarnos y sentirnos cómodos con ello y otros no. Si usted es apto con la ira, tome el paso siguiente y pruebe algo nuevo como el dolor, la tristeza o el miedo. Si usted no lo es, ¿por qué no intentarlo? En otras palabras, muchos de nosotros los seres humanos hemos aprendido tan bien a ser "buenos" que no sabemos cómo ser nosotros mismos.

Ustedes, los "adictos típicos," no quieren que les robemos el protagonismo. No nos defendemos a nosotros mismos y luego nos apoyamos en ustedes para que nos defiendan porque ustedes son muy buenos para "enfadarse." Así que terminamos engañándonos a nosotros mismos y engañándolos a ustedes también.

El juego consiste en decir, "¡Haga mi trabajo sucio por mí y yo haré el suyo por usted!" Pero también se convierte en: "Seré impotente por mí mismo, dejaré que exprese mi ira por mí también y luego me resentiré con usted por quitarme mi poder."

¿Por qué no probar esto? "Creo que necesito enojarme yo mismo por esto." No significa que no le ame o no le necesite. Solo quiero reclamar mi propio poder. De hecho, tendré más poder para amarle cuando haya terminado." ¿Puede aceptar eso?

Avergonzado(a)

Muchos terapeutas sienten hoy en día que la vergüenza es el fundamento de todas las adicciones. Gershen Kaufman (1980) fue uno de los primeros psicólogos que escribió sobre este tema; cree que la vergüenza se genera cuando se daña el puente interpersonal entre dos personas, especialmente cuando una de ellas es más poderosa que la otra. La vergüenza surge de no poder depender de alguien más. Es una sensación de sentirse vulnerable, como una persona indefensa. Se puede expresar mejor como el sentirse de menor valor (del que tenía antes de romperse ese puente). Es decir, nos sentimos sin valor. *Cometí un error...* se convierte en, *soy un error.*

Imagínese a un niño que es criticado por su madre. La crítica rompe el puente entre la madre y el niño. La relación de repente se pone en duda.

"He hecho algo horrible," nos decimos a nosotros mismos, "y mi madre ya no me ama (no aprueba lo que soy, ya no le importo, etc.). Cuando la necesite ya no estará allí para ayudarme."

Nos sentimos avergonzados de nosotros mismos. Nos sentimos sin valor, impotentes y asustados.

Para ayudar a aclarar la dinámica de la *inducción de la vergüenza*, imagínese que usted está rodeado de todos sus seres queridos y se encuentra en medio de ellos. Cada uno lo está señalando con el dedo, con los ojos penetrantes encima de usted, diciendo: "¡Debería darte vergüenza, debería darte vergüenza, debería darte vergüenza! ¡Eres malo! ¡Eres estúpido! ¡Eres feo! ¡Eres torpe!"

Esa es la esencia de la vergüenza. Es el ostracismo. Es sacar a alguien del grupo, de la raza humana, de su más preciado apoyo. A un niño se le puede corregir sin avergonzarlo.

Pero cuando el núcleo interno del niño se queda con una voz agobiante en su interior, diciendo: "Soy malo..." entonces estamos hablando de vergüenza.

En los adultos, este núcleo de vergüenza, generalmente está bien oculto en nosotros (no necesariamente de los demás). Lo ocultamos con ira, tristeza, depresión o, en el caso de muchos de nosotros, con una o más adicciones.

"¿Ella no devolvió mi llamada telefónica? ¿Quién la necesita? Saldré con amigos y me emborracharé."

"¿Al jefe no le gustó mi informe? ¡Lo arreglaré! ¡No se enoje, desquítese!"

"¿A mamá y papá no les gusta la forma como me visto? ¿No les gusta la forma de mi quijada? ¿Quién los necesita? Simplemente me acostaré con todos los chicos. Ellos si están interesados en mí."

"¿Mi esposo no cree que soy lo suficientemente espontánea? ¿Quién necesita ser espontáneo? Puedo trabajar mucho mejor que él y ganar tres veces más de lo que él gana. ¿Adicción al trabajo? Debes estar bromeando. ¡Simplemente no soy una perdedora!"

Un amigo nuestro, John Holtzermann, describe la vergüenza así: "Pasé junto al espejo y me sorprendió ver que pensaba lo suficiente en mí como para reflejar mi imagen."

La vergüenza también proviene de ser consentidos porque nunca aprendemos a ser autosuficientes y autónomos. Seguimos dependiendo demasiado de nuestras familias para tener una sensación de bienestar y esto nos deja indefensos y paralizados a medida que nos enfrentamos al mundo exterior. Los padres que dan demasiado a sus hijos, hacen demasiado por ellos y los protegen del dolor de la vida no les están haciendo un favor. *Consentir a un niño, es una forma de abuso emocional.*

Culpable

La culpa es complicada para muchos de nosotros porque existe la culpa saludable y la *malsana, y a menudo es difícil saber la diferencia.*

La culpa saludable nos permite saber cuándo hemos auténticamente hecho algo para lastimar a otra persona, y nos da la energía e impulso para querer corregir el dolor.

La culpa malsana e inauténtica nos dice que hemos hecho algo mal cuando realmente no ha sido así y, por lo tanto, proporciona mucha energía e impulso para mantenernos paralizados.

Cada vez que dejamos de hacer lo que siempre hacemos y permitimos que algo suceda, estamos expuestos a sentirnos culpables. Pero, ¿es apropiado sentirse culpable porque queremos volver a estudiar y obtener un título universitario solo porque nuestro esposo quiere que estemos en casa todas las noches para masajearle la espalda? ¿Deberíamos sentirnos culpables por no querer estar cerca de nuestros padres cuando abusan de nosotros física y emocionalmente? No lo creemos así.

La concientización de los sentimientos es una clave para recuperarse de los sistemas familiares disfuncionales. Lo invitamos a ponerle cuidado a sus sentimientos porque son verdaderamente el o la pequeño(a) Niño o Niña de su Interior que necesita ser nutrido(a), amado(a), escuchado(a), afirmado(a), sostenido(a) y protegido(a). Tenga reverencia por sus sentimientos y entonces comenzará a tener reverencia por usted mismo.

Capítulo 12

Los secretos

Se dice que cada familia tiene sus esqueletos escondidos en el armario. En el dominio público, los principales políticos son quizás los más sensibles a este hecho. Muchas carreras se han ralentizado, desviado o detenido debido a la divulgación pública de algún comportamiento inapropiado que algunas personas (incluyendo los políticos) pensaron había sido olvidado por mucho tiempo. En el dominio de la familia y las relaciones íntimas, nuestros secretos estrechamente guardados son los que nos pueden matar.

Los secretos pueden ser sobre nuestros sentimientos, pensamientos o comportamientos. Tienen una gran cantidad de vergüenza conectada a ellos o no gastaríamos tanta energía para mantenerlos en secreto. Encontrar un lugar seguro para revelar dichos secretos es la clave para superar la adicción y la disfunción familiar.

Pregúntele a cualquier familia de un alcohólico en recuperación, cómo era la situación en los viejos tiempos, cuando todos se dedicaban a pensar cómo ocultar el alcoholismo de papá. Los hijos dan excusas a sus amigos para explicar por qué no pueden invitarlos a que se queden en su casa. Mamá les dice a los hijos que "papá está cansado." Los padres de papá se vuelven expertos en el uso de eufemismos creativos, tales como" "Él simplemente fue a la cocina a tomar un traguito."

Lo desconcertante acerca de estos secretos es que solo son secretos a un nivel de concientización. En otros niveles, todos conocen el secreto y la familia participa en el juego.

O, considere a la familia en la cual la ira saludable está mal vista. Todos caminan con sonrisas plasmadas en sus rostros siempre Le piso el dedo del pie y usted sonríe. Necesito algo de tiempo a solas pero usted no quiere que lo haga… y yo sonrío. Usted se olvida de recoger a Suzy de la escuela… y yo sonrío.

En una familia donde a nadie se le permite usar la ira de manera saludable para establecer límites, el secreto son nuestros sentimientos. A un nivel muy superficial de concientización, todos estamos muy felices y sonrientes. Por dentro, sin embargo, estamos muy enojados. El resultado final es locura.

Nuestro lenguaje no verbal está diciendo, "Estoy enojado… estoy muy enfadado." Todos los demás aprenden este lenguaje no verbal pero lo hacen inconscientemente y no verbalmente. Por consiguiente, todos deambulan entre dos mundos de manera simultánea y sintiéndose locos. A medida que el secreto se incrusta más y más dentro del tejido familiar, sus miembros individuales comienzan a "actuar el secreto."

A Suzy le va mal en la escuela y se deprime bastante. Papá se preocupa mucho por Suzy. Mamá pasa todo su tiempo tratando frenéticamente de animarlos a todos. Jimmy se hace adicto a las drogas o se masturba frecuentemente. Si recurren a una terapia (aparentemente para ayudar al miembro de la familia que se identifica como el que tiene "el problema real"), el terapeuta probablemente preguntará si alguien se enoja alguna vez. Un coro resonante de todos los miembros de la familia dirá: "No. Pensamos que no es bueno enojarnos el uno con el otro. Nos amamos."

Los secretos también se guardan fuera de la familia. Incluso los profesionistas capacitados nos ayudan a mantener nuestros secretos malsanos. Nos parece que cada semana atendemos a alguien que es claramente alcohólico u obeso, que ha estado en terapia antes, pero a quien nunca le han preguntado sobre sus hábitos alimenticios o de su consumo de bebidas alcohólicas.

Conocemos el caso de un hombre que había gastado $15,000 (USDollars) en terapias con tres terapeutas diferentes más ninguno de ellos le había preguntado sobre su peso. Su peso era de 325 libras. No fue sorprendente descubrir que este hombre había aprendido a controlar su secreto tan bien, desde muy temprana edad, que no podía recordar a nadie que le hubiera hablado sobre su peso durante sus 42 años de vida.

Nosotros le preguntamos: "¿Alguna vez has tratado de hacer algo con respecto a tu obesidad?" Y él dijo: "No, he estado demasiado avergonzado de mi peso toda mi vida como para pedir ayuda."

Meses más tarde, después de haber avanzado bastante en la recuperación de su ingesta compulsiva, este hombre compartió con nosotros cómo esa simple pregunta fue el comienzo de una nueva vida para él. Había expuesto el secreto y eliminado la carga de su vida.

Comportamiento encubierto

Los psicoterapeutas hablan de la necesidad de hacer que se descubra lo encubierto. El comportamiento manifiesto es aquel que se puede ver. El comportamiento, los pensamientos o los sentimientos encubiertos son aquellos que no se pueden ver directamente.

Les explicamos a nuestros clientes que en las familias malsanas, la acción más importante es realmente lo que está sucediendo en secreto. Por fuera, todos estamos contentos y sonreímos. En secreto, estamos enojados, asustados, avergonzados, solos, confundidos, etc. Por fuera, estamos en control, serenos y relajados. En secreto, nos sentimos fuera de control, tensos o aterrorizados. Por causa de la vergüenza asociada a nuestros secretos, el miedo a estar emocionalmente desnudos frente a nuestros seres queridos es lo que mantiene oculto lo encubierto.

> "Si no hablamos acerca de la depresión de papá, tal vez desaparezca."
> "Si no hablamos acerca del alcoholismo de mamá, tal vez desaparezca."
> "Si no hablamos acerca de su adicción al trabajo, él tal vez pase eventualmente más tiempo en casa."

Cuando llegamos a la verdadera raíz del problema, de lo que realmente no queremos hablar es de la manera cómo nos sentimos al respecto. Algunas familias son excelentes cuando se trata de hablar sobre el problema de otra persona. "A mi esposo no le gusta el sexo. Ese es nuestro problema." Pero, nosotros preguntamos, ¿Cómo se siente al respecto? ¿Qué significa eso para usted? ¿Alguna vez ha temido que usted no sea atractiva para él?

Muy a menudo, los problemas encubiertos en una relación salen a la luz en torno a problemas de dinero y sexo. Las parejas luchan por años sobre la manera cómo se gasta el dinero, aunque el verdadero problema encubierto que debe salir a la superficie y volverse evidente es que no están satisfaciendo sus necesidades emocionales en la relación. Pero es muy aterrador el decir eso. Si lo digo, piensa él, ella podría huir. Podría sentirse tan herida que moriría, o podría estar tan indignada, que me dejaría, o pensaría que soy mezquino y estúpido por sentirme así. Si expongo mis verdaderos sentimientos, ella me avergonzará.

El sexo es un escenario poderoso para representar nuestros problemas encubiertos de manera destructiva. Estoy enojado contigo así que no quiero tener relaciones sexuales. O estoy enojado contigo y quiero controlarte y poseerte, así que todo lo que quiero hacer es tener relaciones sexuales. Soy tan dependiente e inseguro de mí mismo, que necesito tener sexo contigo todo el tiempo y, si no lo hacemos, eso confirma mi sensación de futilidad.

Es importante enfatizar el poder que tienen los secretos en el mantenimiento de nuestros síntomas. Cuando alguien es adicto al trabajo, hay un secreto por debajo del problema. Cuando alguien es adicto a la televisión o al ejercicio, hay un secreto emocional que acecha debajo de la superficie.

La eliminación del agente adictivo es solo el comienzo de la recuperación de la adicción. Llegar al secreto y dejar que salga sin ninguna vergüenza o culpa es la clave para lograr una recuperación saludable. Si esto es cierto, ¿por qué las familias simplemente no se percatan de ello y sacan el secreto a la luz? Personas que tienen desde educación primaria hasta doctorados nos preguntan esto una y otra vez.

"Su marido la había estado golpeando todos esos años, pero nunca lo supimos. ¡Y él es un médico! ¿Cómo pudo suceder eso? ¿Y ella, por qué no dijo nada?" Bueno, piénselo. Si usted viviera en una casa con un valor de $350,000 USD, condujera un auto Jaguar y se vistiera como Jackie Onassis, ¿le gustaría que todos en la comunidad supieran que su esposo la está golpeando?

Ah, por cierto, después de que le hayan hecho la revisión rutinaria al Jaguar, ¿se sentaría usted a hablar conmigo sobre las palizas que ha estado recibiendo durante los últimos 10 años?"

Muchos psicólogos creen que todo nuestro comportamiento tiene un propósito y tendemos a estar de acuerdo. Los secretos que hemos aprendido a guardar pueden haber tenido un propósito útil alguna vez. A los siete años, en un largo viaje que hizo su familia en el auto, usted se mojó los pantalones porque no pudo esperar a la próxima parada en la gasolinera. Todo el mundo se siente mal por usted. Lo limpian y luego el viaje avanza felizmente. Nadie quiere concentrarse en hacer revuelo de lo sucedido porque saben lo avergonzado(a) que usted, de niño(a) se sentía. La familia es discreta y respetuosa; así que ese fue el final. Y nunca vuelve a suceder.

O papá va de campamento, bebe demasiado y hace el ridículo. Nunca había sucedido esto antes y no es probable que vuelva a pasar. Él se siente avergonzado por lo que pasó y lo comparte con la familia cuando regresa. Todos se ríen de ello y luego siguen adelante. No hay problema.

Todos secretos malsanos comienzan casi de la misma manera. Mamá y papá tienen una pelea desgarradora hasta la 1:00 de la mañana y usted va a la escuela al día siguiente preocupado(a) y tenso(a). No quiere que nadie en la escuela piense que algo anda mal en su hogar (y que. por lo tanto, implícitamente algo anda mal con usted); por eso, usted no dice nada al respecto. Vuelve a casa después de la escuela y descubre que mamá y papá han resuelto su lío y eso es todo. No es gran cosa.

Pero resulta que no han resuelto el problema. Cinco días después tienen otra pelea nocturna y luego en dos días nuevamente otra. Entonces, papá se va del hogar por unos días.

Usted tiene nudos en el estómago. No puede concentrarse. Sus calificaciones comienzan a bajar. Está muy triste. Quisiera que las cosas mejoraran, que hubiera alguien con quien hablar al respecto. Pero no puede. Su vergüenza entra en acción y se siente demasiado apenado(a) para decir algo. Tal vez mamá y papá le dijeron a usted que no contara nada a nadie. O, tal vez, usted simplemente comienza a esperar y a orar para que el problema desaparezca... si lo ignora por un tiempo. En los siguientes días, semanas y meses, el secreto se torna en un secreto malsano, cimentado en su inconsciente, aparentemente para siempre.

O, tal vez, papá es extremadamente rígido y dogmático cuando se trata de la televisión. A regañadientes, lo deja ver a usted televisión pero encubiertamente le hace saber que no está contento que la vea. Usted ni siquiera ve mucha televisión. Después de un rato, usted la ve, pero su papá empieza a hablar como si realmente la(o) odiara. Sin embargo, usted sigue mirando televisión.

Como adulto, usted no puede dejar de ver televisión. Usted no tiene amistades verdaderas. Se siente perdido(a) sin ella. Pero cuando surge el tema, se apresura a decir que no ve mucha televisión.

Un secreto es que usted ve televisión. Pero un secreto aún más profundo es que papá lo(a) ha avergonzado y usted lo odia por eso. Ese secreto que está cuidadosamente protegido y saldrá a la luz años más tarde, con su propio hijo. Usted lo criticará constantemente por cualquier cosa. Tal vez lo critique por su cabello, ropa, interés en la música o los deportes, modales en la mesa o la cantidad de televisión que ve. No sabrá por qué lo está haciendo. Ni siquiera notará que lo está dañando. Simplemente, sentirá que algo está terrible y profundamente mal con él.

Y lo que realmente está ocurriendo en secreto, es que todavía siente que hay algo terriblemente mal en usted. El secreto es sobre su propia vergüenza que fue la vergüenza que le transmitió su padre.

Los secretos en las familias pueden ser abrumadoramente difíciles de sacar a la luz. En casos de incesto o abuso sexual, pueden pasar años o incluso varias generaciones, antes que se revele eso que ha estado oculto. Y, en muchos casos, el secreto simplemente no sale a la luz ni con el pasar del tiempo.

Al menos una vez al año, leemos en nuestro periódico local sobre el exitoso médico, abogado, o estudiante estrella de secundaria que un día se fue a casa y se disparó un tiro en la cabeza, algunas veces, llevándose al resto de su familia con él. En cada caso, suele haber un secreto muy importante que estaba empotrado dentro de la familia. Tabúes secretos contra el "fracaso," contra ser masculino o femenino, llegan a limitar la gama de sentimientos que podemos permitirnos experimentar.

A lo largo de los años nos dividimos tanto dentro de nosotros mismos, que ya no sabemos cómo nos sentimos realmente. Nos volvemos como si fuéramos dos personas; nuestra máscara exterior y nuestro ser interior. Al estar divididos en dos partes emocionales, eventualmente podemos dividirnos en dos partes físicamente (en un sentido metafórico) y morir.

Una de las razones por las que los programas de 12 Pasos (como el de Alcohólicos Anónimos) tienen tanto éxito en ayudarnos con nuestras adicciones, es porque nos permiten comenzar a entender nuestros secretos y nuestra vergüenza. Pregúntele a cualquier persona cómo se sintió cuando fue a la primera reunión de A.A. o a un tratamiento para su adicción a la cocaína. Sintieron que era el camino más largo de su vida. Fue como si se acercaran al corredor de la muerte. Es una sensación de impotencia que confundimos con incapacidad y fracaso hasta que comenzamos a recuperarnos. ¡Uno se siente tan avergonzado!

"Estoy tan avergonzado de tener que hacer esto," decimos. Nuestros cónyuges dicen: "Pero simplemente no creo que pueda tolerar la humillación de estar casada con un adicto."

Y, sin embargo, por lo general, a los pocos días de dar ese primer paso, la mayoría de las personas que desarrollan sus programas con valentía, comienzan a sentir un tremendo alivio. El peso de cargar con toda esa vergüenza y miedo a la humillación ya no lo es tanto. Nos hemos expuesto y rodeado de gente como nosotros; hemos desnudado nuestro secreto más profundo y aterrador y nadie nos avergonzó. Nadie nos señaló con el dedo diciendo: "¡Qué vergüenza! ¡Debería darte vergüenza!" Nadie dijo que éramos estúpidos, feos, torpes, inútiles o malos porque admitimos que éramos alcohólicos, codependientes o adictos al sexo.

Ciertamente, habrá muchas personas "allá en el mundo exterior" que tal vez se apresurarán a juzgarnos y criticarnos pero, con la fuerza de un sistema familiar sustituto y saludable que nos apoye como lo hacen los grupos de terapia de 12 Pasos, podremos abandonar nuestros secretos y nuestra vergüenza y, en consecuencia, nuestra disfunción.

Los secretos más comunes que vemos son sobre:

1. adicciones
2. incesto o abuso sexual
3. abuso físico
4. suicidio
5. fracaso manifiesto
6. enfermedad mental

Capítulo 13

¿Qué sucede con nuestra identidad?

Hasta ahora hemos descrito lo que creemos son las raíces del sistema familiar que causan nuestros estilos de vida disfuncionales. Pero, ¿qué nos pasa en términos de ser personas integrales? ¿Qué efectos tiene la disfunción familiar en nuestro sentido del ser, en nuestra claridad interior y en nuestro sentido de quiénes somos? Todas estas son preguntas sobre identidad.

Por identidad nos referimos a la definición de uno mismo, es decir, al autoconocimiento en el compromiso con un conjunto de valores, creencias y un estilo de vida. También incluye lo que nos gusta y no nos gusta; los riesgos que estamos dispuestos a tomar y lo que creemos a nivel religioso, filosófico, político y científico. Tiene que ver con nuestros comportamientos y sentimientos sexuales, la carrera que elegimos y si nos satisface o no; la identidad influye si elegimos ser padres o no, si elegimos ir a la iglesia o no, si queremos estar en una relación matrimonial o una de amantes, en lo qué nos gusta hacer con nuestro tiempo libre, y si somos alcohólicos, adictos a la cocaína, al sexo o a trotar. Todo esto forma parte de nuestra identidad, al igual que si nos estamos recuperando de estas adicciones o si todavía convivimos con ellas. El famoso teórico del desarrollo, Erik Erikson (Erikson 1963, 1968), dedicó gran parte de su vida al estudio de la formación de la identidad. Erikson generó una serie de ocho etapas psicosociales para aunar esfuerzos y explicar la manera cómo la personalidad humana crece y cambia desde el nacimiento hasta la muerte. Estas etapas y el trabajo que Erikson ha desarrollado en torno a la identidad nos proporcionan un poderoso mecanismo para mirar lo que nos sucede si crecemos en un sistema familiar disfuncional.

Incluso en una familia muy sana, la tarea de crecer y salir de casa con una identidad propia que sea clara es una labor difícil. En algún punto entre los 18 y 25 años de edad, nuestra principal tarea de desarrollo consiste en aceptar lo que somos como adultos individuales. Esta tarea depende del cumplimiento relativamente exitoso de cuatro desafíos de desarrollo previos, según Erikson, y en realidad incluye problemas y habilidades de lo realizado anteriormente.

Las cuatro etapas que conducen a la crisis de identidad son las siguientes

0-1½	**confianza versus desconfianza**
1½-3	**autonomía versus vergüenza y duda**
3-6	**iniciativa versus culpa**
6-18	**diligencia creativa versus inferioridad**

Estas etapas representan **crisis o tareas psicosociales** y una se construye sobre la otra. Esto significa que, si las piedras en la base de los cimientos son débiles o casi inexistentes, toda la estructura que se construya será débil o colapsará más adelante. De la misma manera, si tenemos etapas de desarrollo que no fueron manejadas de la manera ideal al principio de la vida, nos encontraremos con muchos problemas más adelante, a medida que intentemos crecer y convertirnos en adultos.

Estas crisis o etapas se definen ampliamente. Son marcadas de acuerdo con el momento en que se convirtieron *por primera vez* en tareas importantes en nuestras vidas. A medida que lea detenidamente la lista de etapas, notará que son tareas y desafíos que todos enfrentamos a lo largo de nuestras vidas; no solo cuando aparecen por *primera vez*. Y, por último, cada una de las etapas y las habilidades que aprendemos a través de la vida se incorporan a las etapas posteriores.

Por ejemplo, la etapa denominada *Iniciativa versus culpa* incluye problemas de confianza y autonomía. Sin embargo, estos van de acuerdo con la edad y, por lo tanto, no significa que, para tomar la iniciativa, tengamos que volver a la infancia y tomar leche materna nuevamente o aprender a caminar otra vez.

1. Confianza versus desconfianza

El primer desafío que enfrentamos como seres humanos, es desarrollar un sentido básico de confianza en el mundo. Esto significa que nos quedamos con la sensación de poder confiar en aquellos a quienes necesitamos, que el mundo es básicamente un lugar seguro para estar y sobrevivir. Si nuestras necesidades básicas de comida, refugio, afecto y contacto se satisfacen durante la primera infancia, lo más probable es que desarrollemos un sentido de confianza. Pero la confianza es más que eso. También significa que podemos confiar en que las cosas funcionarán al final, incluso si no obtenemos lo necesario de inmediato.

Un niño de dos años, por ejemplo, no tiene que ser el tirano de la casa, exigiendo y consiguiendo todo cuanto quiere de inmediato. Si a nuestro niño de dos años, se le dice que tendrá que esperar unos minutos hasta cuando la cena esté lista o que no puede tener todo lo que ve en una tienda, esto no erosionará su sentido básico de confianza.

De hecho, si nos excedemos en darles cosas a nuestros hijos, en realidad perjudicaremos su sentido de confianza porque los estaremos preparando para vivir en un mundo que no existe. Pocas personas en este mundo (si hay alguna) obtienen todo lo que quieren en el momento cuando lo desean y, por lo tanto, uno de los temas más importantes de desarrollo a lo largo de toda nuestra vida comienza allí mismo, en la primera etapa. Y el tema es el siguiente: *No es bueno tener demasiado o muy poco de lo que necesitamos.*

Las cosas que dejan a un niño con un sentido básico de desconfianza sobre el mundo y sobre sí mismo incluyen el abuso físico o emocional y la negligencia o el abandono. Estos son extremos. Las fuerzas más sutiles que operan durante esta etapa son el cuidado inconsistente (el cuidado de niños por niñeras o guarderías no tiene que ser inconsistente) y la tensión y el estrés de los padres, lo cual se comunica por la incapacidad de ser protectores, espontáneos o sentirse cómodos con sus hijos. Demasiado conflicto manifiesto puede molestar a los niños pequeños, así como los padres sobreprotectores que no les permiten a sus hijos explorar su mundo y sus propios cuerpos, de manera normal. Los niños necesitan aprender a depender de nosotros que el mundo no siempre les dará lo que quieren y que pueden estar "bien" aun así. No necesitan estar asustados ni ser mimados, descuidados o abusados. Una sensación básica de desconfianza nos deja con un *miedo severo a los problemas de abandono.*

2. Autonomía versus vergüenza y duda

El problema que se debe resolver aquí es la separación. Entre los años 1.5 y 3 de edad, nuestros niños se empiezan a movilizar, aprenden el poder del lenguaje para definir su individualidad (usando la palabra "¡no!," por ejemplo) y su tarea es comenzar a ser autónomos sin dejar de sentirse seguros y confiados en el mundo.

Nuestros niños de dos años se van caminando a explorar las cosas por sí mismos. Ejercen su voluntad propia. Tienen luchas de poder con nosotros. Y, por ser todavía tan vulnerables y dependientes de sus padres, necesitan poder hacer esto sabiendo que pueden correr de regreso a nosotros en busca de consuelo, si su independencia los lleva a algo que los asusta o hiere.

Imagínese que su hijo de dos años entra corriendo a la casa llorando y gritando, "¡Un perro grande atravesó el patio y me gruñó!" El perro representa una amenaza para nuestro sentido de autonomía. "No puedo salir al mundo solo porque es demasiado peligroso," es un sentir humano. Si un padre, simplemente nos afirma a nosotros y a nuestros sentimientos, diciendo: "Chico, estoy seguro que eso te causó miedo..." y nos hace sentir seguros nuevamente, dándonos un abrazo y dejándonos que manifestemos nuestros sentimientos sin ser juzgados, pronto estaremos listos para volver al mundo de nuevo.

Si, por el contrario, nuestros padres *nos avergüenzan* ("Los niños grandes no lloran..." "Te he dicho que no salgas solo a la calle...") o si no están lo suficientemente disponibles para nosotros en estas ocasiones (ya sea al no estar presentes lo suficiente o por ignorarnos), entonces comenzamos a internalizar la vergüenza y la duda.

Del mismo modo, podemos experimentar vergüenza y duda si estamos demasiado restringidos en nuestros intentos de ser individuos separados. Los padres que tienen buenas intenciones pero nos sobreprotegen nunca nos dan la oportunidad de separarnos de ellos. Además, si son demasiado consentidores, dándonos pocas pautas sobre cuál es el comportamiento apropiado fuera de nuestros hogares, podemos terminar sintiendo vergüenza y duda. Los que dejan a sus hijos que se suban a los muebles, rompan las cosas con frecuencia y sean unos tiranos en el hogar producen hijos que viven en la vergüenza muchas veces cuando van a los hogares de otras personas o a la escuela.

Nuevamente, la norma general aquí es el equilibrio. Debemos establecer límites y fronteras para nuestros hijos a esta edad, pero también permitirles suficiente libertad y seguridad para que ellos quieran comenzar a separarse de nosotros.

3. Iniciativa versus culpa

Esta etapa tiene mucho que ver con nuestra capacidad para comenzar algo, lograr que se haga realidad y se extienda más allá de nuestras capacidades actuales. Todos los que estamos "atascados," que no podemos salir de una mala rutina ni tomar decisiones, tenemos problemas con esta etapa.

Entre los 3 y los 6 años de edad, empezamos a querer ser más… como los adultos. Queremos ir a la cocina y cocinar algo como lo hacen mamá y papá o ir al garaje, tomar la sierra y construir algo. Queremos iniciar algo. Esto tiene mucho que ver con la auto-expansión, con el ir más allá. Cada vez que intentamos iniciar algo por nuestra cuenta, siempre existe la posibilidad de que alguien más se sienta molesto, decepcionado, defraudado o herido y, cuando nos manifiestan como se sienten, nos sentimos culpables.

Papá se siente motivado y decide derribar el muro de la cocina y hacer algunas remodelaciones mientras mamá está en un viaje de negocios. Ella llega a casa, no le gusta lo que papá hizo y dice: "¿Cómo pudiste comenzar un cambio tan importante en mi cocina sin consultarme primero?" Papá siente algo de vergüenza y también de culpa. Él interpreta que "hizo algo mal," que ha violado un principio moral de algún tipo.

La tarea a realizar en niños de 3 a 6 años de edad consiste en comenzar a internalizar los principios del bien y del mal, pero sin afectar la capacidad de iniciar proyectos.

Si mis hijos intentan reconstruir el motor de mi automóvil a esa edad, necesito transmitirles que ese es un comportamiento inapropiado porque no tienen la edad suficiente para hacerlo correctamente, y, además, es "mi" carro, no "el suyo." Es la forma en la que transmito ese mensaje lo que es muy importante.

Si digo: "Realmente decepcionaste a papá. Me sorprende que hayas hecho esto. Realmente me lastimaste al hacerlo..." mis hijos, sin duda, no lo volverán a hacer.

Pero si uso ese método de disciplina con regularidad, produciré hijos muy bien educados que no podrán hacer cosas básicas cuando sean adultos. Serán "agradables," pero eso es todo. Estarán llenos de culpa e indecisión. Siempre se enfocarán en quién se verá afectado por sus acciones, sin nunca considerar sus propias necesidades o sentimientos.

Se concentrarán demasiado en no violar todas las normas que internalizan... normas grandes, medianas y pequeñas e insignificantes.

4. Diligencia creativa versus inferioridad

Esta etapa implica desarrollar un sentido de competencia y confianza en torno a aquellas habilidades que son necesarias para la supervivencia en nuestra cultura. Estas habilidades incluyen "the 3 Rs" (lectura, escritura y artimética) aunque van mucho más allá de estas.

Ciertamente, necesitamos habilidades académicas para ser exitosos en este mundo, pero con demasiada frecuencia la gama de habilidades que se refuerzan en nuestras escuelas y en el hogar, es dolorosamente limitada. No todos los hijos serán genios de las matemáticas, el inglés o la física. Ni todos se convertirán en otro Picasso o Beethoven. Algunos, serán excelentes mecánicos, si se les permite serlo. Otros serán contadores competentes. Otros serán plomeros. Los años de edad escolar serán fundamentales para desarrollar un sentido de valor en los niños. Además, son críticos para desarrollar sus habilidades e identificarse o establecer vínculos con personas mayores que saben cómo hacer las cosas. Así que es un cumplido para nosotros y, para nuestros hijos, si desarrollan un apego al papá de un amigo que les está mostrando cómo arreglar un automóvil. Es algo bueno el que a nuestra hija le agrade su profesora de inglés y se entusiasme con lo que ella le está enseñando.

No está bien el que nuestros hijos no tengan espacio para sentirse bien consigo mismos durante estos años. *Tampoco* está bien el comparar a un niño con otro de la familia. *Ni es bueno el sentir* celos o ser posesivo de nuestros hijos, solo porque les cae bien la mamá o el papá de un amigo. Si nos sentimos celosos, necesitamos psicoterapia para trabajar en la disfunción que estamos experimentando.

Está bien si un niño sobresale en matemáticas, otro en dibujo y otro en mecánica automotriz. Está bien si nuestros hijos se sienten bien consigo mismos a pesar de no obtener una A (la mejor calificación) en todas las materias escolares o un promedio de B en las clases o cualquier calificación que sea acorde a nuestro criterio para lograr el éxito. Conocemos a muchas personas ricas y exitosas que nunca terminaron la escuela secundaria o la universidad. También, conocemos personas felices y exitosas que no son ricas o pudientes.

Algunas de ellas tienen diplomas de la escuela secundaria, otras de grados universitarios y algunas otras tienen doctorados.

Las habilidades básicas que se aprenden durante esta etapa son: cómo trabajar, cómo llevarse bien con otras personas, cómo ser personas sociales y políticas, cómo obtener lo que necesitamos de la vida sin alienar a todos los que nos rodean, y cómo sentirnos

bien con lo que hacemos. Los detalles de cómo lo hacemos no son tan importantes, como el hecho de hacerlo de alguna manera. En las familias disfuncionales rígidas solo

hay una forma correcta de hacerlo. En las sanas, hay literalmente cientos de maneras de hacerlo.

La identidad versus la confusión de la identidad

Como ya mencionamos, las cuatro etapas anteriores nos llevan a la primera etapa adulta de nuestro desarrollo, denominada *La identidad versus la confusión de la identidad* (también llamada Difusión de la identidad), que se desarrolla entre los 18 y 29 años de edad, dependiendo de la cantidad de educación formal que recibamos, así como de los factores económicos y los factores del sistema familiar. Erikson y los investigadores que han estudiado estas teorías creen que hay dos partes claves para lograr una identidad clara: la *crisis* y el *compromiso*.

Erikson sentía que no era posible ser un adulto sano con un claro sentido de sí mismo sin pasar por una *moratoria psicosocial*, lo cual es solamente una forma elegante de decir un período de cuestionamiento y rebelión.

Debemos cuestionar nuestras creencias religiosas, los valores con los que fuimos criados, las elecciones de las carreras que nuestros padres pudieron haber hecho para nosotros de manera evidente o encubierta, las preferencias de estilo de vida y cosas similares. Podemos volver a adoptar esas creencias de la infancia después de este período de cuestionamiento pero ya no seremos niños cuando lo hagamos y, cuando eso pase, no lo haremos "Solo porque alguien nos dijo que era la forma correcta de vivir o pensar." O, tal vez, no volvamos a nuestras creencias de la infancia y elijamos otras formas de pensar y actuar de las que nos transmitieron nuestros padres.

Hay un hecho que permanece: si no pasamos por este período de *crisis,* de rebelión y cuestionamiento, no superaremos la etapa de la Identidad, lo cual causa muchos problemas a las familias disfuncionales cuando sus hijos se acercan a la edad adulta.

La parte del *compromiso* de la identidad significa que, eventualmente, debemos tomar decisiones claras sobre nuestras creencias y estilos de vida y que nuestras elecciones deben ser más que expresiones verbales. Debemos actuar en función de ellas.

Una persona que elige la monogamia pero tiene relaciones extramatrimoniales todo el tiempo no está comprometida con la monogamia como estilo de vida. También, el que dice ser cristiano pero trata a su familia y empleados como si fueran "basura" no está viviendo sus creencias, solo está hablando de ellas. Este tipo de retórica vacía tiene un mensaje y un vínculo doble para los miembros de la familia y, por ende, será contraproducente.

Los hijos cuyos padres dicen una cosa pero hacen otra, eventualmente pierden todo respeto por sus padres.

Con base en la profundidad de la crisis que hemos tenido y la fuerza de nuestro compromiso, Erikson ha delineado cuatro posibles tipos de identidad o resultados durante esta etapa. (Para una discusión extensa de estos tipos de identidad y cómo se relacionan con la Codependencia, véase Friel, Subby y Friel, 1985). Estos cuatro tipos son:

1. Identidad lograda

Hemos pasado por una crisis de identidad con respecto al trabajo, la religión, la sexualidad, las creencias políticas y el estilo de vida. También, hemos hecho compromisos claros con las elecciones que hemos hecho, para que nuestros sentimientos, creencias y acciones sean congruentes, es decir, para que coincidan. ¿Debe existir un compromiso claro entre todas las partes de nosotros mismos y nuestras elecciones? No, pero entre menos compromiso tengamos, menos posibilidad habrá que logremos alcanzar nuestra identidad.

2. Moratoria

Estamos en el período de crisis. Estamos buscando activamente. Nos estamos probando diferentes sombreros. Estamos teniendo citas con diferentes personas. Estamos probando distintas carreras o enfoques en la universidad... Pero, hay algo sistemático y dirigido en nuestra búsqueda. Aún no hemos asumido ningún compromiso claro.

3. Imposibilitados

Sospechamos que probablemente cerca del 50% de nosotros nos hallamos en este estado. Si somos Niños Adultos que aún no hemos superado nuestra negación, entonces lo más probable es que nos encontremos en este estado o en el último, descrito a continuación. "Imposibilitados" significa que, al parecer, tenemos un conjunto claro de compromisos, pero nunca pasamos realmente por un período de crisis para llegar allí.

Entramos a la edad adulta "usando los mismos sombreros que

usábamos cuando éramos niños," excepto que "el sombrero está sobre un cuerpo adulto." Usamos trajes, corbatas y vestidos de adultos, decimos palabras y hacemos cosas como ellos, y nos decimos a nosotros mismos que tenemos creencias que tienen los adultos… pero, no somos verdaderamente adultos porque aún no hemos madurado.

¿Por qué? Porque da miedo madurar. El proceso de maduración duele y a veces es solitario. Significa decir adiós a la infancia y hacer las paces con cualquiera de sus fantasías, así como con cualquier demonio con el que hayamos crecido. Nosotros, los

Niños Adultos, tenemos tantos demonios que el salir de estar imposibilitados es muy difícil. En realidad, la negación y el miedo son los sentimientos que nos mantienen atrapados.

Por ejemplo, "Mi esposo no es como mi papá," afirma una mujer. "Papá era alcohólico. ¡Mi esposo es un hombre trabajador y responsable!" (Interpretación para los Niños Adultos: "Mi esposo es un adicto al trabajo y nunca está disponible pero, debido a que no es un alcohólico, debe ser mejor"). Así es como funciona nuestra negación.

Más adelante en el matrimonio, podría decir: "Mi esposo no está disponible para mí emocionalmente, pero ¿qué más puedo hacer? Él es un buen proveedor. Tengo todas las cosas que una mujer podría desear. Y, además, no sé cómo obtendría mi sustento para vivir." Así es como el miedo trabaja en contra nuestra.

Dejar de estar imposibilitados es como pararse en el borde de un precipicio en una noche oscura y sin luna y, luego, saltar sin saber si el precipicio tiene 3 o 100 pies de altura. Es algo que no debemos hacer sin contar con un sistema de apoyo sólido.

Hacer este tipo de cambio también es arriesgado porque, por lo general, recibimos un montón de críticas de aquellos que nos rodean. Interpretación para los Niños Adultos: "Nos culpan y avergüenzan.

'Ella está loca. Eso es lo que ocurre. ¡Cualquier mujer se moriría por casarse con él!' ") Y ella se está muriendo emocionalmente.

"¿Cómo te atreves a volver a la universidad. ¿Qué pasará conmigo y los niños? ¿Quién estará allí para cocinar y lavar la ropa? ¿Quién estará allí para hacer el amor conmigo todas las noches?" (Interpretación: "Papá puede ser un adicto sexual o, por lo menos, dependiente de su mujer y los hijos han sido mimados al extremo de no saber cómo manejar la lavadora y la secadora, o preparar una comida.")

Dejar de estar imposibilitados genera censura de los demás porque también es un momento de conmoción. Incluso, vemos terapeutas profesionales etiquetando a los clientes como "disfuncionales" o "neuróticos" cuando, de hecho, simplemente están entrando en una etapa de moratoria saludable en sus vidas. (Interpretación: "Están asumiendo el gran riesgo de convertirse en adultos.") ¡Bien hecho!

4. Identidad confusa (difusa)

Cuando nos hallamos en este estado, nos encontramos en una crisis constante, pero es diferente de cuando estamos en moratoria. La crisis opera en círculos. No tiene ninguna dirección específica. Saltamos de un(a) amante a otro(a), de un trabajo o carrera a otro(a), de un conjunto de creencias al siguiente y de un estilo de vida a otro.

Somos almas perdidas, vagando por la tierra en busca de una sensación de seguridad por medios que nunca nos dieron buenos resultados. Algunos de nosotros somos, en este aspecto, infractores y adictos que lastimamos a muchas personas en el proceso deambulatorio.

En la universidad, podemos haber sido el rey o la reina de las fiestas, pero nunca dejamos del todo ese rol. O somos el fundamentalista rígido y religioso, cuya identidad está definida y controlada por algo que está fuera de nuestro control. Aunque algunos de nosotros podemos decir que somos espíritus libres y tranquilos, estamos lejos de serlo. No podemos tolerar diferencias de opinión, porque cualquier otra amenazaría el sentido propio de nuestro ser, y eso no lo podemos tolerar. Cuando logramos la identidad, una buena parte de nuestro sentido propio está cómoda dentro de nosotros mismos y no puede ser amenazada por el punto de vista de otra persona.

La gente nos pregunta cómo fue posible que tantas personas pudieron seguir al ministro Jim Jones al país de Guyana y luego, siguiendo sus órdenes, suicidarse en masa con él. Creemos que estaban confundidos sobre su identidad; necesitaban tanto a Jim Jones para autodefinirse, que estuvieron dispuestos a renunciar a la esencia misma de su autodefinición... su propia vida.

Para dejar de estar imposibilitados o tener una identidad confusa, es necesario que tengamos bloques de construcción fuertes y saludables al llegar a la adolescencia. También es importante que observemos nuestra infancia, definamos nuestros sentimientos sobre ella, reevaluemos tanto lo "bueno" como lo "malo" y que bajemos a nuestros padres de los pedestales donde los teníamos cuando éramos niños. Nuestros padres no son santos ni ogros, son seres humanos.

Bajar a nuestros padres de esos pedestales y "permitirles" ser humanos es tremendamente doloroso si somos Niños Adultos porque estamos muy atados emocionalmente a ellos si fueron demasiado permisivos con nosotros o si fueron abusivos y negligentes. En este último caso, es porque seguimos volviendo a un pozo vacío para obtener agua, pero no hay agua en ese lugar. Seguimos esperando y orando el hallar agua allí pero nunca la encontramos. Lo que volvemos a buscar es algo que tal vez nuestros padres nunca podrán darnos porque sus infancias fueron abusivas y negligentes.

Como Alice Miller declaró tan acertadamente (Miller, 1987), el dolor de admitir que nuestros padres no fueron capaces de amarnos (de manera perfecta y saludable) es mucho mayor que el dolor que sentimos al creer que éramos "malos" y no merecíamos amor. Y, entonces, permanecemos imposibilitados hasta que el dolor se vuelve tan grande que debemos cambiar.

En otras palabras, nuestros síntomas, adicciones y dolores son realmente nuestros aliados. Nos dicen cuándo el pequeño(a) niño(a) en el interior de cada uno de nosotros ha sufrido suficiente y quiere recibir ayuda para madurar.

Capítulo 14

La intimidad y más allá

La siguiente etapa de Erikson se llama "Intimidad versus aislamiento" y está en el ruedo de la intimidad donde muchos de nosotros, los Niños Adultos, experimentamos nuestras crisis más dolorosas.

Nos gusta definir la intimidad como *"la capacidad de estar en una relación con alguien sin sacrificar nuestra identidad en el proceso."* La última parte de esta definición es la más crucial. Aunque existen muchas clases de intimidad como la física, sexual, intelectual, social, y espiritual así como el intercambio de juegos y pasatiempos, la intimidad en cualquiera de estos dominios, cuando conlleva *la pérdida de uno mismo con regularidad, deja de ser intimidad y se convierte en dependencia.*

La pérdida de uno mismo durante el sexo es normal y está bien, pero el hecho de siempre ceder a los deseos del otro y nunca pedir lo que nos gusta no está bien y no es saludable. Si realmente no nos importa qué película vayamos a ver, entonces dejar que otra persona elija tiene sentido pero, si nos importa en el fondo y rara vez manifestamos nuestra preferencia, entonces somos demasiado dependientes.

La mejor manera de evaluar conscientemente la salud de nuestras relaciones es identificar cómo nos sentimos en realidad; es necesario que estemos bastante recuperados para dejar que esos sentimientos salgan a la superficie. Enumeramos a continuación cómo se siente la intimidad en comparación con las relaciones dependientes.

Intimidad	Relaciones disfuncionales
(interdependiente)	(dependiente/aislado)
completo	desesperado
gozoso	temeroso
competente	ansioso
interesado	rechazado
fuerte	enojado
claro	confundido
cómodo	abandonado
pacífico	cansado
pleno	invisible
agradecido	controlado
feliz	usado
emocionado	manipulado
confiado	vacío
sin soledad	soledad
compañerismo	falta de identidad

Creanlo o no, conocemos a varios matrimonios y amistades a largo plazo, que se pueden describir mejor con la lista de la izquierda.

A continuación, hemos esbozado algunos de los temas y problemas que parecen surgir en mayor medida en las relaciones que existen entre los Niños Adultos.

Objetivación

Con nuestras tazas "vacías," tenemos una fuerte tendencia a convertir a nuestros amigos y amantes en "objetos" diseñados para compensar nuestras deficiencias. Nos objetivamos los unos a los otros tratando de convertir a nuestros amigos y amantes en nuestros terapeutas, mamás, papás o salvadores.

Nos convertimos mutuamente en objetos sexuales diseñados para hacernos sentir momentáneamente mejor e íntimos, pero no tenemos la capacidad de ser íntimos en el término mucho más amplio, lo cual es necesario para tener una relación saludable. Como terapeutas y seres humanos, los autores creen sinceramente que la verdadera intimidad se compone de las pequeñas acciones cotidianas que muchos de nosotros vemos como "aburridas," hasta que entramos en recuperación.

El síndrome de deber y pagar

Otra forma de objetivación es hacer muchas cosas por los demás hasta un punto de agotamiento, con la esperanza que luego queden en deuda con nosotros y sean, a cambio, amables con nosotros. Luego, proclamamos en voz alta o baja que la otra persona está en deuda con nosotros. Decimos: "¡Mira todo lo que he hecho por ti!" Esa declaración es una señal de alerta, indicando que estamos en una relación adictiva y que hemos comprometido nuestra identidad y nuestra dignidad.

Comunicando sentimientos

Como lo sugirió el famoso psicoterapeuta Carl Rogers (1973), cualquier sentimiento persistente debe expresarse, sin importar cuán trivial pueda parecer en ese momento. En las relaciones que funcionan bien, estos sentimientos se ventilan y tratan antes que se conviertan en resentimientos profundos. También se comparten con tacto, respetando la dignidad del otro.

Por ejemplo: "Tom, necesito hablar contigo sobre la cantidad de tiempo que pasamos juntos. Te amo mucho, pero últimamente he estado pensando que no tengo suficiente tiempo para mí misma y no quiero que esos sentimientos interfieran con lo que siento por ti..."

Elección de la pareja

Los teóricos de los sistemas familiares hablan de cómo representamos a nuestra familia de origen en nuestra vida adulta. Hay algo de verdad en la vieja idea de Freud quien declaró que nos casamos con nuestro padre o nuestra madre. Pero las personas se confunden con esta idea porque solo miran las características superficiales de sí mismos y las de mamá y papá.

Si mamá era demasiado emocional y dependiente, podríamos casarnos con alguien que por fuera es fuerte e independiente. Si los sistemas de dónde venimos son disfuncionales, entonces esa mujer fuerte e independiente estará imposibilitada por una niña dependiente que vive dentro de su cuerpo. Cuando la dependencia de mamá sale a la superficie, ella puede ser exigente, agresiva y crítica. Su miedo causa eso y no es divertido estar cerca de ella. O, esa mujer puede revelar su dependencia permitiéndole a usted que pase por encima de ella, en donde usted se convierte en el infractor y ella en la víctima. Ella se mostrará competente e independiente en el trabajo e indefensa en la relación que tiene con usted.

Lo que realmente sucedió aquí fue que usted reaccionó a la impotencia y dependencia de mamá. Usted se convirtió en el infractor, como su padre, y se casó con alguien, pensando que era lo opuesto a mamá, pero realmente no lo fue. Reaccionar a nuestras familias de origen significa que no estamos libres de ellas. Aún nos controlan si tenemos que reaccionar ante ellas en lugar de tomar nuestras propias decisiones en base a una identidad clara.

Límites inciertos

Nos inmiscuimos demasiado en la vida del otro. "Tu tristeza se convierte en mi tristeza o espero que satisfagas todas mis necesidades" y exijo esto. Quiero que llenes mi taza y no sé cómo dejar de pedir y exigir. Te presiono para tener relaciones sexuales cuando no lo quieres. Hago que te quedes despierto hasta la mitad de la noche para "hablar acerca de los problemas. Me pongo celosa si tienes amigos, especialmente del sexo opuesto." En otras palabras, no te dejo ser tú mismo. Te culpo por mi infelicidad en lugar de hacer lo que necesito para ser más feliz. Comenzamos como personas separadas antes de conocernos.

Si somos Niños Adultos no recuperados, rápidamente nos inmiscuimos tanto que no podemos tener intimidad porque hemos perdido nuestra identidad.

Problemas de separación

La separación es parte de la vida; es una gran parte de ella. La vida es una continua unión y separación. Se nos dificulta la separación porque nos asustamos al pensar que si el otro se va, nunca volverá. Así que creamos muchos conflictos en torno a nuestras separaciones. Peleamos cuando uno de nosotros está a punto de partir a un viaje de negocios de cuatro días. Luego lo sermoneamos a su regreso. Después de estar separados por el día, nos reunimos por la noche y discutimos sobre la intimidad que no tenemos.

El poeta alemán Rilke describió el amor como "dos soledades

(que se) protegen, se tocan y se saludan." Gran parte de la razón por la cual no podemos ser así se debe al problema descrito a continuación:

"Todos los huevos están en una sola canasta"

Invertimos demasiado en nuestras pocas relaciones cercanas. Esperamos que nuestro cónyuge o pareja sea todo para nosotros: nuestra madre, padre, amante, amigo, compañero de tenis, padre de nuestros hijos, único confidente, terapeuta, compañero de juego de cartas, niñero, proveedor y... Nadie puede ser todas las cosas para otra persona. En uno de nuestros libros favoritos sobre este tema, titulado "The Road Less Traveled" (*El Camino Menos Viajado*), escrito por Scott Peck, dice que no nos amamos verdaderamente a menos que podamos vivir sin el otro (Peck, 1978). Nosotros estamos de acuerdo.

Problemas de control

Los problemas de control están relacionados con nuestro miedo al abandono y, básicamente, con nuestro miedo a la muerte. Somos mortales. No podemos evitar nuestra muerte física ni forzar que alguien nos ame. Las luchas de poder en las que nos metemos con otros tienen que ver con esta necesidad de controlar lo incontrolable. De hecho, de eso se tratan las adicciones. Es muy común que practiquemos nuestras adicciones mucho más cuando estamos solos o cuando nuestro cónyuge o amante se encuentra en un viaje de negocios de cuatro días. Cuando están en casa con nosotros, tratamos de manejar la situación controlándolos a ellos y esto solo los aleja más de nosotros.

Manejo de conflictos

El conflicto en las relaciones es inevitable. Cada vez que dos personas se acercan el uno al otro por un tiempo, su individualidad lleva a diferencias de opinión, de necesidades o de valores. Esto es natural. En las relaciones sanas, estos conflictos se resuelven. En las relaciones malsanas, esos conflictos nunca se terminan… siguen y siguen o ambas personas se comprometen tanto que las dos se sienten aburridas.

¿Intereses comunes?

Esto es muy difícil de definir. ¿Es necesario que tengamos los mismos intereses? ¿Algunos de los mismos intereses? ¿Unos cuantos intereses? ¿Es mejor no tener ningún interés en común? Ciertamente ayuda el tener algunos intereses en común, así como es conveniente tener algunos de los mismos rasgos de personalidad. Pero de ninguna manera tenemos que tener los mismos. Sabemos de parejas exitosas cuyos intereses y personalidad son muy similares y de otras en las que son muy diferentes. Lo que parece ser más importante es satisfacer las necesidades mutuas de manera significativa para nuestra pareja o amigo(a), compartir una "visión global de la vida" y, sobre todo, que la relación mejore nuestra vida, en lugar de exprimirla.

Diálogo sobre la intimidad

A veces caminamos por una línea muy fina entre el amor y la dependencia. La verdadera intimidad es un regalo precioso que se da libremente y sin condiciones. Al mismo tiempo, debemos tener reciprocidad en nuestras relaciones, lo cual suena al principio como una contradicción. Si es mal interpretada, esta reciprocidad se puede convertir en el "síndrome de deber y pagar," que explicamos anteriormente; pero en realidad no lo es.

La parte difícil es que debemos *querer* dar y recibir en nuestras relaciones. Debemos recibir lo suficiente en la relación para que queramos dar algo. No podemos dar algo simplemente porque la otra persona lo exige. Y, no podemos exigir a la otra persona lo que queremos de ella. Solo podemos pedirlo. Esto es realmente una paradoja.

Para nosotros, Niños Adultos, es la paradoja más difícil de todas las que debemos trascender. Piense en el siguiente diálogo entre parejas

Nota: Usaremos iniciales en lugar del nombre completo.

B:	He estado leyendo este libro sobre la intimidad entre Niños Adultos, el cual dice que tenemos una tendencia ya sea a atacarnos emocionalmente entre nosotros o a alejarnos demasiado el uno del otro. ¿Qué crees que hacemos nosotros?
R.	Hum... No sé; creo que tenemos un equilibrio bastante bueno entre los dos.
B:	Sí, supongo que sí...
R:	¿Qué te pasa? Te noto un poco triste.
B:	Oh, no lo sé. Quiero decir que ¿no crees que nos separamos demasiado con mucha frecuencia?
R:	En realidad, no. Creo que tenemos un buen equilibrio entre nuestras propias vidas y la que compartimos. Pero, obviamente, tú no lo crees así. ¿Qué ocurre?
B:	Simplemente no creo que tengamos una gran relación. Sí, eso es lo que pienso.
R:	Bueno, ¡no tienes que enfadarte al respecto! ¿No podemos simplemente hablar sobre el tema?
B:	¿Enfadarme al respecto? ¡Otra vez me estás juzgando!

R:	¿Te estoy juzgando? Todo lo que dije fue: "¡No tienes que enfadarte al respecto!" ¿Por qué dices que te estoy juzgando?
B:	¿Se supone que está bien enfadarse?
R:	¡Oh, vamos! Tú sabes lo que quise decir.
B:	Sí. Quisiste decir que yo soy inestable.
R:	Dame un respiro, por favor
B:	¿Qué querías decir entonces?
R:	Detengámonos un minuto.
B:	Bueno.
R:	Tú estabas leyendo este libro sobre Niños Adultos y desencadenó algo que te ha estado inquietando. Me preocupo por ti. Quiero saber qué te está inquietando.
B:	Ah! ¿Entonces, realmente te importa lo que me inquieta?
R:	Sí me importa
B:	¡Ah! Eso me hace sentir bien. (Hay un largo silencio). Eso es lo que me ha estado inquietando. A veces nos separamos demasiado y entonces me pregunto si te importo.
R:	Sí, me preocupo por ti. ¿Y sabes? Estoy de acuerdo contigo. A veces nos separamos demasiado.
B:	Me siento mucho mejor. Esto comenzaba a convertirse en una de esas "peleas de antaño" que solíamos tener. Me estaba asustando.
R:	Me gusta la forma como puedes identificar esos sentimientos sutiles… sentimientos de miedo. Yo también tenía miedo.
B:	Gracias. Necesito pasar algo de tiempo contigo. Sin los hijos. Sin que suene el teléfono una y otra vez.
R:	Necesito pasar algún tiempo contigo también.
B:	¿Cuándo podemos pasar un poco de tiempo así?

R:	Debo terminar este informe para el lunes. Pero si me pongo las pilas, podría terminarlo fácilmente antes de mañana en la noche. Lo he estado posponiendo porque odio hacerlo. Si lo termino, podríamos tener todo el fin de semana solo para nosotros.
B:	¿A dónde iremos?
R:	Cualquier lugar está bien conmigo. Tú eliges el lugar.
B:	Lo haré.
R:	Te amo.
B:	Yo también te amo.

Este diálogo comenzó inofensivamente, se tornó en casi un desastre y luego funcionó. Aquí hay reciprocidad y, por lo tanto, funciona.

Pero, ¿qué es la reciprocidad? ¿Por qué funcionó? Funcionó porque estas dos personas tienen el mismo poder, la misma necesidad, influencia, dependencia, independencia, interdependencia, separación, fuerza, valentía, dignidad, autoestima y... bueno, sus tazas están relativamente llenas. "La paradoja" no es sobre esta pareja en particular porque ha trascendido la paradoja. Han ido más allá. Esta paradoja en particular ya no puede lastimarlos. No por ahora, de todos modos. Han hecho algo del trabajo.

Otra pareja que se encuentra en un estado diferente en su relación y crecimiento, resolvieron la paradoja de otra manera:

D:	He estado leyendo este libro sobre los Niños Adultos y la intimidad y dice que tenemos una tendencia ya sea a ser demasiado atados emocionalmente o a alejarnos demasiado el uno del otro. ¿Qué crees que hacemos nosotros?
L:	No sé. Estoy bastante satisfecho con nuestra relación.

D:	¿Sabes? Supongo que últimamente me ha estado molestando el que ya casi no hablamos entre nosotros. Se siente como si nos hubiéramos alejado terriblemente el uno del otro.
L:	¿Cómo?
D:	Sí, me siento un poco triste por eso.
L:	Entiendo.
D:	Y supongo que si sientes que todo está bien, entonces tenemos un problema en nuestras manos.
L:	¡Otra vez con lo mismo!
D:	¿A qué te refieres?
L:	Siempre estás insistiendo sobre cuánto tiempo pasamos juntos y yo creo que pasamos suficiente tiempo juntos… a veces demasiado.
D:	Te entiendo.
L:	Bueno. Entonces olvidémoslo; ¿de acuerdo?
D:	De acuerdo. Pero antes de dejar a un lado el tema, necesito decidir qué quiero hacer al respecto. (Hay un silencio dolorosamente largo mientras "D" revisa los sentimientos que están surgiendo lentamente a la superficie). No quiero estar persistiendo en lo mismo y convertirme en una molestia pero tengo ciertas necesidades que tampoco quiero ignorar. Pasé demasiados años ignorándolas en el pasado. Por lo que dices, entiendo que sientes que estoy a punto de volverme fastidiosa, así que supongo esa es la razón por la que me siento triste.
L:	¿Por qué?
D:	Porque la única alternativa para mí es cambiar la naturaleza de nuestra relación. Creo que vamos a tener que separarnos por un tiempo. Por eso estoy triste.

L:	¿Separarnos? ¿Hablas en serio? ¿Estás dejando que tus emociones se alboroten nuevamente?
D:	No. Esta vez estoy dejando que mis emociones me hablen, en lugar de tiranizarme. Quiero separarme por un tiempo y estoy triste por esta decisión que debo tomar.
L:	Eso es ridículo. No puedes estar hablando en serio.
D:	No es ridículo. Estoy hablando en serio y estoy triste.
L:	Realmente lo estás diciendo en serio, ¿no?
D:	Sí, así es. Te quiero mucho pero tengo que estar en una relación en la que me sienta bien y no me siento bien en ella en este momento. No es una cuestión de lo correcto o incorrecto, lo bueno o lo malo. Aquí no hay un sombrero negro y sombrero blanco. Simplemente tenemos necesidades muy diferentes.

"D" ha descubierto en el proceso de recuperación que el auto abandono es un precio demasiado alto para pagar por una relación. La forma como "D" manejó este problema indica que "D" tiene un sentido básico de confianza (cree que las cosas funcionarán aunque ahora sean dolorosas, de autonomía (cree que el estar sola es bueno cuando uno debe hacerlo), y de iniciativa (para resolver problemas y tomar decisiones, incluyendo las difíciles), y que "D" está claramente en camino a poseer una identidad clara (un sentido de su ser, en lugar de auto abandono). Al expresar el doloroso sentimiento vulnerable de tristeza, "D" demuestra al mismo tiempo el más admirable de sus rasgos, su simple dignidad.

Hay muchos libros excelentes en el mercado que tratan sobre la intimidad. Nos gustan y recomendamos los siguientes: *Becoming Partners: Marriage and Its Alternatives* (Convirtiéndose en Pareja:

el Matrimonio y sus Alternativas) (Rogers, 1973), *Struggle For Intimacy* (Lucha por la Intimidad) (Woititz, 1985), *Women Who Love Too Much* (Mujeres que Aman Demasiado) (Norwood, 1985), *Men Who Hate Women and the Women Who Love Them* (Hombres que Odian a las Mujeres y las Mujeres que los Aman) (Forward y Torres, 1986) y *Pairing* (Emparejamiento) (Bach and Deutsch, 1970). Los libros de Rogers y Bach son especialmente buenos para transmitir la perspectiva interna de las luchas íntimas que todos tenemos y la mayor parte de su presentación la hace utilizando ejemplos y anécdotas que son medios poderosos para transmitir el mensaje.

Más allá de la intimidad

El hecho de ser humano y estar en recuperación tiene sus beneficios. Por un lado, ya no tenemos que ser perfectos. Podemos tener un sentido básico de confianza y aún sentirnos cómodos, aunque nuestra desconfianza surja sin previo aviso.

El hecho de no ser perfecto da verdadero gozo. De vez en cuando nos volvemos paranoicos sin castigarnos por ello, lo cual es un tremendo alivio. ¡Piense en cuánta energía necesita usted para castigarse! Tiene mucho más sentido decir, "Oye, estoy realmente molesto por esto y me pregunto, por qué será eso." Y punto final. Fin de la discusión con uno mismo. Sin culpa, vergüenza o autodestrucción. Confíe en que la respuesta llegará cuando menos lo espera; por ejemplo, cuando estemos cambiando un pañal o balanceando la chequera.

Como dijo tan sabiamente el comediante Steven Wright: "No puedes tenerlo todo. ¿Si lo tuvieras, dónde lo pondrías?" ¡Es un sentimiento tan elegante y, maravillosamente liberador! Nadie puede tenerlo todo. Si esto es verdad, entonces ahora soy libre porque ¡hay cinco mil millones de personas en este planeta y ninguna de ellas es perfecta! ¡Así que puedo confiar que estoy bien, incluso cuando no confío todo el tiempo!

Lo mismo ocurre con la autonomía, la iniciativa, la diligencia creativa, la identidad y la intimidad. Los bloques de construcción deben ser bastante sólidos pero nunca serán perfectos. Si aprendemos a ser amigos con el "pequeño(a) niño/niña interior" que está dentro de nosotros, si aprendemos a escuchar los sentimientos que tenemos dentro de nosotros, si sentimos miedo y admitimos que tenemos miedo, si estamos enojados y admitimos que estamos enojados, y si estamos dispuestos a aprender de aquellos que tienen más sabiduría que nosotros, entonces encontraremos lo que estamos buscando en esta tierra.

Y si nuestros bloques de construcción son bastante sólidos, incluyendo la etapa de la intimidad, Erikson siente que nuestro próximo desafío es...

Generatividad versus auto-absorción

En algún momento, alrededor de los 25 y 35 años de edad o más tarde dependiendo de cuándo empezamos nuestra recuperación, tenemos una crisis que gira en torno a uno mismo contra los demás. Una parte de nosotros quiere enfocarse tan profundamente en el yo que excluimos todo lo demás. La otra parte de nosotros quiere comenzar a devolverle a la humanidad lo que nos ha dado hasta ahora. El dilema aquí es que si no tenemos mucho para empezar (si somos Niños Adultos que aún no hemos comenzado un programa de recuperación sólido; si fuimos abusados cuando éramos niños pero aún no lo hemos admitido ni lidiado con ello; si estamos en una "supuesta recuperación" en la cual decimos las cosas correctas pero no las vivimos) entonces, no tendremos mucho qué devolver.

Nuestra generatividad nos llevará a tener hijos pero inconscientemente abusaremos de ellos de la misma manera como fuimos abusados. Nuestra generatividad nos llevará a crear la obra de arte definitiva pero nos absorberemos tanto en el proceso que nos daremos un tiro en el pie a medida que lo intentamos.

Vemos a muchas personas trabajando en los 12 Pasos (ayudando a otras personas a comenzar programas de recuperación) como método para evitar sus propios problemas personales. Sí, es cierto. Ayudar a los demás puede ser una excusa para evitar el trabajo y el dolor propio. Hemos hecho esto nosotros mismos, así que lo sabemos.

La simple sabiduría de Erikson dice que no estaremos realmente listos para devolverle algo a la humanidad sino hasta cuando tengamos lo que necesitábamos en nuestra niñez. Para nosotros los psicoterapeutas, esto se evidencia en la declaración de que "solo podemos ayudar a aquellos que están peor que nosotros." Todos hacemos estragos cuando nos enfocamos en la generatividad antes de haber establecido nuestra identidad, intimidad y realizado el trabajo previo. Quizás el mejor consejo aquí es: *Es Mejor retribuir con una taza llena que con una vacía.*

Integridad versus desesperación

Cada etapa de nuestra vida trae consigo un período de reflexión sobre el pasado. Hacemos esto cuando salimos de casa por primera vez… luego, nuevamente, durante nuestra crisis de los 30 años… durante nuestra crisis de la mediana edad… y así sucesivamente. Todos estos son preparativos para la *revisión de la vida que hacemos en* la vejez. Cuando revisamos nuestra vida entera, tratamos de darle sentido a la vida misma. Si, al revisar nuestra vida, encontramos que tenemos un sentido de plenitud, realización y serenidad, entonces podemos enfrentar nuestra propia muerte seguros, sabiendo que hemos vivido una vida plena, rica y gratificante.

Parte de este proceso de revisión de la vida incluye mirar los errores y lamentos del pasado, lidiar con las pérdidas y tristezas que estos traen y resolver cualquier problema no resuelto con nuestros seres queridos. Es posible que tengamos que disculparnos con alguien o decirle a alguien que su comportamiento nos hizo enojar y que, por eso, hemos estado cargando con una ira permanente todos estos años. Quizás, necesitemos decirle a alguien más que lo amamos y apreciamos su amor hacia nosotros.

Para todos nosotros que nos hemos arriesgado a pasar por todas las etapas anteriores de la vida, la de la vejez y la muerte no tienen que ser horribles ni aterradoras. Por el contrario, pueden ser períodos de sabiduría y plenitud. Como escribió Platón en La República, aproximadamente en el año 370 A.C.: "La vejez tiene una gran sensación de calma y libertad. Cuando las pasiones han relajado su control, usted ha escapado no de un patrón, sino de muchos patrones."

Para aquellos de nosotros que no han tomado los riesgos de tener nuestros sentimientos y vivir nuestras vidas plenamente, la vejez puede ser una terrible maldición.

A menudo recordamos haber leído el caso práctico, incluido en un texto psiquiátrico, sobre una mujer que pasó toda su vida cuidando a su madre hipocondríaca y manipuladora. Los otros dos hijos de la familia crecieron y se fueron de casa, dejando a la hermana más joven en las garras de mamá. Tras la muerte de la mamá a la edad de 95 años, esta hija menor, ahora de 70 años, tuvo un colapso psicótico completo y total, arrancándose el cabello, cortándose las muñecas y golpeando su cabeza contra la pared una y otra vez, con una rabia desesperadora por haber dedicado *toda* su vida a su madre enferma quien la debió haber dejado libre al final de la adolescencia.

Con demasiada frecuencia, los Niños Adultos no solo somos víctimas de nuestros padres no recuperados mientras somos niños sino también cuando somos adultos y nuestros padres están viejos y moribundos. Y, aun así, los padres más disfuncionales pueden morir con un sentido de plenitud, si están dispuestos a ello. El crecimiento aquí en la tierra no se detiene sino hasta cuando morimos.

Esto nos recuerda a un amigo nuestro cuyos padres murieron recientemente. Ambos eran farmacodependientes y se "recuperaron" en la vejez principalmente por razones médicas. Ambos habían tenido tremendos conflictos a lo largo de sus 51 años de casados pero sus los últimos 10 a 15 años fueron relativamente pacíficos. Y no fue sino hasta el último año de su vida que su madre pudo alcanzar esa serenidad que es recomendada por todos nuestros programas de 12 Pasos. Pero ella lo logró. En su funeral, nuestro amigo leyó lo siguiente (extraído de un panegírico más largo):

"Mamá, tu vida fue una mezcla de gran alegría y profunda tristeza. Por las alegrías que experimentaste, estoy muy feliz. Por el dolor que sufriste, estoy triste ahora pero eso pasará. La tristeza permite la sanidad y entiendo que esas pequeñas "muertes" que experimentamos en el camino nos dan profundidad y sabiduría. El último año de tu vida estuvo lleno de una serenidad que nunca olvidaré... Quiero agradecerte por la tremenda dignidad que demostraste este último año, al pasar a vivir sola, y durante el tiempo antes de tu muerte. También por la sabiduría que tuviste, al luchar para morir en tu propia casa. Entraste "apaciblemente a esa buena noche" y, ahora, tengo la esperanza de que yo pueda hacer lo mismo algún día."

Nos gustaría terminar este capítulo con una cita de Charles Dickens:

El Padre Tiempo no siempre es un padre duro y, aunque no se tarda para ninguno de sus hijos, a menudo pone su mano con apacibilidad sobre aquellos que lo han usado bien.

—Charles Dickens, Barnaby Rudge, Vol. II, 1840

Interludio

Capítulo 15

La coneja

Había una vez, no hace mucho tiempo, una conejita que nació en una madriguera ubicada en el borde de un hermoso bosque. Su madre y su padre cuidaban de ella diligentemente y así crecía sana y fuerte.

De repente, en una ocasión en que sus padres se dirigían hacia la madriguera al final del día, un zorro saltó de detrás de un árbol, persiguió a su madre, la mató y se la comió. El padre de la conejita corrió tan rápido como pudo hasta que llegó a casa, le contó a la conejita lo que había sucedido. Ambos estaban muy tristes y asustados y el padre no salió de la madriguera por muchos días.

Pero necesitaban comer; así que un día el papá salió de la madriguera a buscar comida. Era muy cauteloso y nervioso pero, mientras mordisqueaba algunas pequeñas plantas verdes a unos pocos pasos de la entrada de la madriguera, el astuto zorro saltó de detrás de un árbol, lo persiguió y se lo comió de inmediato. La conejita temblaba dentro de la madriguera porque sabía lo que había sucedido. Se arrastró lo más lejos que pudo dentro de la madriguera y lloró hasta quedarse dormida.

A la mañana siguiente, la conejita se despertó con mucha hambre pero tenía miedo de abandonar la madriguera. Entonces, de repente, en la distancia pudo escuchar las voces de dos niños que pasaban por el bosque camino a casa. Gateó hasta la entrada de la madriguera y asomó la nariz para olfatear. No habían señales del zorro; así que echó un vistazo fuera de la madriguera para ver de dónde venían las voces. Los dos niños estaban caminando hacia su madrigal pero, por alguna razón, la conejita no tenía miedo. Parecían unos niños muy felices y amables.

Cuando se acercaron un poco más, espiaron a la conejita que se estaba asomando desde su madriguera. Caminaron un poco más cerca y luego se sentaron a esperar a que saliera la conejita. Finalmente, lo hizo.

"¿Cómo estás, conejita?" le preguntaron. "No muy bien," respondió la conejita. "Un zorro malvado mató a mis padres y estoy sola aquí en mi madriguera. Tengo miedo de salir y buscar comida pero temo morir de hambre si no como pronto."

Entonces, preguntaron los niños "¿Por qué no vienes con nosotros? Puedes vivir en nuestra casa y te alimentaremos y mantendremos a salvo de todo mal."

La conejita se puso a muy feliz. Confiaba en estos niños y les dijo que le encantaría vivir con ellos. Saltó desde su madriguera a los brazos de uno de los ellos y se la llevaron a su casa. La cuidaron muy bien y vivió con ellos durante varios años.

Un día la conejita decidió ir al bosque a buscar algo de comida. Mientras estaba allí, encontró a otros tres conejos que estaban muy emocionados de conocerla y se presentaron a sí mismos. Pensaron que era muy bonita.

"Hola, conejita," dijo el primero.

"Eres una conejita muy bonita," dijo el segundo.

"¿Te gustaría salir a caminar con nosotros?" preguntó el tercero.

La conejita estaba confundida y dijo intempestivamente: "*¡No soy una coneja!*"

Los tres conejos parecían sorprendidos y soltaron la risa mirándose entre ellos.

"Si no eres una coneja," preguntó uno de ellos, "entonces, ¿qué eres?"

"Soy una persona," respondió enojada.

"¡Una persona!" dijo riendo el segundo conejo. Los tres cayeron al suelo y comenzaron a reírse histéricamente.

"¿La gente tiene orejas largas y pelaje?" preguntó el tercero.

"¡Algunos de ellos los tienen!" gritó ella. "Yo los he visto." Grandes lágrimas cayeron de su rostro. "¡No soy una coneja!" dijo ella nuevamente. En ese momento, los tres conejos se dieron cuenta de que la conejita hablaba en serio. Le preguntaron dónde vivía y cómo encontraba comida y ella les dijo que vivía con otras personas en una casa ubicada no tan lejos del lugar donde se encontraban dentro del bosque. Antes de que pudieran hacerle más preguntas, la conejita se alejó y se fue a casa.

Esa noche, ella habló con los dos niños y les contó lo sucedido. A ellos les partía el corazón el pensar decirle que los tres conejos tenían la razón. Así, la conejita se fue a dormir esa noche, segura que era una persona en vez de una coneja.

Al día siguiente, la conejita volvió al bosque. Algo dentro de ella le decía que debía ir allá nuevamente pero no estaba segura qué era aquello que la motivaba a volver. Por lo tanto, se fue a pesar de sus dudas. Permaneció en el bosque por bastante tiempo y una parte de ella esperaba volver a ver a los tres conejos. Después de todo, ellos pensaban que ella era bonita y habían sido amables con ella a pesar de su risa grotesca. Pero no se veían por ningún lado. Mordisqueó algunas verduras frescas, bebió agua de un arroyo cercano y luego comenzó a volver a casa.

Después de saltar unos pocos metros, se detuvo. Su corazón comenzó a latir con fuerza y sintió un nudo en el estómago. Su respiración se volvió superficial y se quedó quieta... muy, muy quieta. Olió algo amenazante. "¡El zorro! ¡Oh, no! Nunca había visto un zorro y ni siquiera sabía cómo era un zorro," pensó. Entonces, "¿Cómo podría decir 'El zorro'?" se preguntó. Algo extraño estaba sucediendo. Y, de repente, lo vio. No estaba a más de 14 metros de distancia. Se encontraba al acecho detrás de un arbusto, listo para abalanzarse sobre ella y matarla. Ella quedó congelada de miedo.

Una fracción de segundos antes que el zorro saltara hacia ella, la conejita vio algo con el rabillo del ojo. Eran tres conejos vestidos en extraños trajes y empuñando tres espadas afiladas con hojas curvas, conocidas como cimitarras.

Un cuarto conejo saltó de detrás de un árbol y gritó: "¡Aquí, toma esto y defiéndete!," lanzándole a la conejita una de las cimitarras. Sin pensarlo, ella la atrapó por el mango y se levantó sobre sus patas traseras para enfrentar al zorro.

El zorro saltó hacia ella, con la boca babeando y los colmillos desnudos. El corazón de la conejita se aceleró. Las imágenes de sus padres muertos pasaron rápidamente por su mente. La adrenalina corrió por sus venas. ¡El zorro voló por el aire! Ella dio un paso a un lado muy rápidamente, desorientándolo. Y, luego, con todas las fuerzas que pudo reunir, hizo que la cimitarra hiciera su trabajo ¡Swoosh! ¡Swoosh! ¡Swoosh! La hoja de la cimitarra cortó el aire de un lado a otro con un poder elegante. ¡Whit! ¡Whit! La punta de la cuchilla cortó al zorro lo suficiente como para extraerle sangre pero no lo suficiente como para matarlo. Confundido y asustado, el zorro corrió hacia el bosque donde podría estar solo para lamer sus heridas.

"¡Tres vítores para la conejita! ¡Viva la conejita!" vitorearon. Las lágrimas brotaron de sus ojos. Eran lágrimas de alivio. "Soy una coneja," gritó alegre.

"¡Hurra! ¡Hurra! ¡Hurra!" vitorearon los otros conejos. Cuando se volteó para agradecerles su ayuda, se sorprendió de lo que vio. Cuarenta conejos salieron de detrás de los árboles que la rodeaban. Y, entonces, surgió un cuadragésimo primer conejo, vestido más a la moda que el resto.

"¿Quién eres?," preguntó. El cuadragésimo primer conejo respondió: "Yo soy *Ali Baba*. Y estos son *los 40 Conejos Ladrones*." "¿Conejos Ladrones?," ella preguntó. "Bueno, en realidad no… más bien, no le robamos a nadie. Ayudamos a los animales del bosque a protegerse de los depredadores. Los lobos y zorros nos llamaban *Conejos Ladrones* y el nombre simplemente se volvió popular."

"Ya veo," respondió la valiente conejita. Y luego dijo: "Muchas gracias por ayudarme a salvar mi propia vida. Pero, aún más que eso, me han ayudado a ver que efectivamente soy una coneja. ¡Y estoy orgullosa de ser una coneja!"

"¡Tres vítores para La *Conejita Valiente!*," Gritaron *Ali Baba y los 40 Conejos Ladrones*.

"Y tres vítores para mí," pensó la *Conejita Valiente*. "¡Tres vítores para mí!"

Parte IV
Debajo del témpano de hielo ("iceberg")

"Porque no hay nada oculto que no haya de ser manifestado, ni escondido que no haya de salir a la luz."

Marcos 4:22

Capítulo 16

Un modelo general de los Niños Adultos y la codependencia

Hemos utilizado el término "codependencia" varias veces en este libro. Es probable que muchos de ustedes lo lean y estén familiarizados con el término. Algunos, tal vez, usan la palabra varias veces al día. Aunque probablemente somos más conocidos por nuestra investigación y trabajo clínico en el área de la codependencia, consideramos importante posponer cualquier comentario al respecto hasta este punto del libro, debido a que hay mucha confusión en torno a esta palabra. Creemos que el término "codependencia" ha estado y aún sigue estando en estado de evolución.

La codependencia originalmente estaba ligada al cónyuge, al amante o a la pareja de alguien que fuera farmacodependiente. En el punto inicial de su evolución, era fácil entender este término. Tuviera o no usted algún síntoma, si estaba involucrado de alguna manera con una persona farmacodependiente, usted también era un(a) codependiente.

Pero desde esos días más simples, la "codependencia" ha cobrado una vida e identidad propia. Muchos profesionales ahora sienten que la codependencia es un término específico de diagnóstico que se refiere a un conjunto determinado de síntomas emocionales y conductuales.

Robert Subby y John Friel definieron la "codependencia" como un patrón de vida disfuncional aprendido a través de un conjunto de normas del sistema familiar (Subby & Friel, 1985). Subby utilizó una definición similar en su reciente libro titulado *Lost in the Shuffle: The Co-Dependent Reality (Perdidos al Barajar: La Realidad Codependiente)* (Subby, 1987).

El Dr. Timmen Cermak, destacado psiquiatra y presidente de la Asociación Nacional de Hijos de Alcohólicos, en su libro titulado *Diagnosing and Treating Co-Dependence* (Diagnosticando y Tratando la Codependencia) (Cermak, 1986), da argumentos excelentes para definir la codependencia como un evidente trastorno psiquiátrico.

Síntomas de la Codependencia

Para enumerar los síntomas de la Codependencia, nosotros y otros especialistas observamos con mayor frecuencia problemas tales como: el "cuidado" y la "responsabilidad" excesivos de los demás y la incapacidad de realizar un adecuado cuidado propio, la dificultad para identificar y expresar sentimientos, la fluctuación entre ser "demasiado agradable" y "estar enojado y ser abusivo, el enfoque excesivo en los demás y poco en uno mismo, problemas del desarrollo de la identidad, y el involucramiento en relaciones abusivas y/o confusas.

En la Codependencia, creemos que no tenemos opciones, lo cual produce una dolorosa sensación de "estancamiento." Junto con este síntoma, también existe mucha compulsión. En los seminarios, a menudo decimos: "En nuestra Codependencia, no sabemos cómo comenzar y no sabemos cómo detenernos."

Nuestro propio trabajo en esta área comenzó en 1982 cuando semejamos la Codependencia con una "dependencia paradójica" (Friel, 1982), en la que parecemos fuertes, competentes y emocionalmente sanos por fuera pero, por dentro, nos sentimos confundidos, perdidos, solos y dependientes.

Este tipo de Codependencia, hoy en día, se ve obviamente como una de las muchas formas que puede tomar el trastorno, dependiendo del papel que uno tenga en su familia de origen y de la etapa de Codependencia en la que uno se encuentre en el momento. El tipo de Codependencia fuerte, responsable y que lo mantiene todo bajo control puede generar una forma de Codependencia abusiva, iracunda, impredecible e irresponsable, bajo ciertas condiciones.

También hay confusión con respecto al concepto de la Codependencia debido a que uno de los síntomas comunes de la dependencia no tratada es simplemente la farmacodependencia. De hecho, nuestra experiencia clínica y la de muchos otros profesionales con quienes nos comunicamos ha demostrado que la mayoría de las personas farmacodependientes y otras personas adictas también son codependientes, debajo de su adicción.

En 1984, comenzamos a presentar un modelo de Codependencia que nos ha servido mucho en nuestro trabajo clínico y ha sido muy bien recibido por la comunidad profesional y los clientes. A los clientes, les gusta nuestra definición y el "Modelo Iceberg" (témpano de hielo) porque tienen sentido intuitivo y son fáciles de entender. Los profesionales de los campos de la salud mental, farmacodependencia, medicina y derecho que hemos capacitado con este modelo también afirman que es fácil de entender y clarifica la compleja y confusa relación que existe entre las adicciones a las sustancias químicas, las adicciones a las relaciones, otras adicciones, y la Codependencia. A continuación, presentamos nuestra definición y modelo conceptual:

> La Codependencia es un patrón de vida disfuncional que
> surge de nuestra familia de origen y cultura, detiene el
> desarrollo de la identidad y causa una reacción exagerada
> a las cosas que nos ocurren externamente y una sub-reac-
> ción a las cosas que ocurren en nuestro interior. Si no se
> trata, la Codependencia puede deteriorarse y convertirse
> en una adicción.

El *patrón de vida disfuncional* es la sintomatología que hemos llegado a identificar en los Codependientes; este patrón incluye la depresión, tolerancia a comportamientos inapropiados, afectos insensibles o inapropiados, estrategias de afrontamiento autodestructivas, necesidad apremiante de controlarse a sí mismo y a los demás, síntomas físicos relacionados con el estrés, abuso de sí mismo(a), negligencia de sí mismo, dificultad para tener intimidad y/o sexualidad, miedo al abandono, vergüenza, complejo de culpa, eventuales adicciones, rabias, etc. En otras palabras, todos los síntomas de los Niños Adultos descritos en el Capítulo 3.

¿De dónde proviene la Codependencia?

Cuando decimos que la Codependencia *surge de nuestra familia de origen*, estamos afirmando claramente que no creemos que las personas se vuelvan Codependientes por estar viviendo con un adicto. Más bien, estamos afirmando que tienen una relación con un adicto *porque* son Codependientes. Los clientes que dicen: "Pero no sabía que ella era adicta cuando me casé," más tarde descubren, a través de su propia recuperación, que de hecho habían elegido a alguien que se ajustaba a las normas de la familia de origen bajo las cuales ellos mismos habían crecido. En otras palabras, el agua busca su propio nivel.

La siguiente parte de nuestra definición, *así como de nuestra cultura*, significa que creemos que nuestra cultura tiene muchos elementos que fomentan y mantienen patrones de un comportamiento codependiente. Estos pueden incluir interpretaciones religiosas que son rígidas, dogmáticas y autoritarias, en las cuales las personas son inducidas a creer que son malas si alguna vez piensan en sus propias necesidades antes de las de otra persona.

Otras influencias culturales son nuestras escuelas, en las que muy a menudo se espera que los niños se conformen, sean "amables" y se parezcan tanto entre sí, que pierden su individualidad y capacidad de cuestionar la vida por sí mismos. Nuestro énfasis estadounidense en las "curas" y "soluciones" tecnológicas para todos los problemas también puede fomentar la Codependencia porque aumenta nuestro aislamiento de nosotros mismos y de los demás e incrementa nuestros temores de abandono.

El fundamento de nuestra definición es la noción de la *detención del desarrollo de la identidad*. Basándonos en el trabajo de Erik Erikson, hemos argumentado que debajo de nuestras máscaras adultas nos encontramos realmente atrapados en etapas de formación de la identidad preadolescente cuando tenemos patrones eminentes de Codependencia.

En nuestro folleto titulado *"Co-dependency and the Search for Identity: A Paradoxical Crisis"* (Codependencia y la Búsqueda de Identidad: Una Crisis Paradójica) (Friel, Subby y Friel, 1985), comparamos la Codependencia con el estado de identidad imposibilitada, propuesto por primera vez por Erikson. Por lo tanto, somos como niños heridos que usan máscaras de edad adulta, con miedo a que alguien "nos descubra" o exponga lo que realmente somos: niños heridos. En su reciente libro, titulado *Diagnosing and Trea-*

ting Co-dependency (Diagnosticando y Tratando la Codependencia) (1986), Tim Cermak hace referencia a nuestro modelo de identidad como uno de los principales marcos teóricos para entender la Codependencia.

La *reacción exagerada a cosas externas a nosotros* es la parte adictiva y de negación de la Codependencia. Podemos ayudar a otros en sus crisis, volvernos adictos al trabajo y súper responsables. Podemos enfocarnos en todas las cosas hirientes y negativas que nuestro cónyuge o amigo alcohólico o adicto nos hace y hasta culpar a otros por nuestra miseria porque todas éstas son maneras de evitar nuestra propia realidad y dolor interno, lo cual lleva a la siguiente parte de nuestra definición, que es una "sub-reacción a las cosas que ocurren en nuestro interior." Estas cosas que estamos evitando son nuestros sentimientos, dolor, alegría, esperanza y sueños. Estas cosas internas es lo que somos nosotros. La Codependencia es, por lo tanto, una peligrosa negación de uno mismo.

Un modelo unificador de la Codependencia y las adicciones

En la Figura 16.1, presentamos nuestro "Modelo Iceberg" que hemos estado utilizando desde 1984. Fue tomado de la noción psicodinámica que establece que lo que está en la superficie (en nuestro modelo son los síntomas más manifiestos de adicción, depresión, trastornos de estrés, etc.) está vinculado a una realidad interna mucho más profunda de culpa, vergüenza y miedo al abandono, que aprendimos en nuestra familia de origen. La mediación entre nuestros síntomas superficiales y esta realidad más profunda es lo que llamamos la Codependencia.

Por lo tanto, cuando comenzamos a eliminar el alcoholismo, la adicción sexual, los trastornos alimenticios, las migrañas, etc. a través de tratamientos primarios, lo que nos queda es nuestra Codependencia. Esa Codependencia también debe ser tratada si queremos evitar el riesgo de una recaída. Nuestro modelo también explica las diversas formas que la adicción puede tener y los diversos roles que podemos adoptar en ciclos, incluyendo los de "infractor," "víctima" y "rescatador." Por lo tanto, algunos adictos a las relaciones son víctimas, algunos son infractores y otros rescatadores pero todos son en el fondo Codependientes.

Unos alcohólicos son terriblemente irresponsables, otros rescatadores constantes y algunos se sienten constantemente victimizados pero creemos que la mayoría de los alcohólicos son Codependientes en el fondo.

Raíces de Codependencia

Al considerar las teorías bioquímicas y genéticas de la adicción, no negamos que algunos casos de alcoholismo, depresión, obesidad, etc., son causados genéticamente. Pero definiríamos mejor esto diciendo que una persona que está genéticamente predispuesta a convertirse en alcohólica, tendrá una probabilidad mucho mayor de caer en este flagelo si tiene una base profunda de Codependencia aprendida de su familia de origen. Del mismo modo, este adicto tendrá menos probabilidades de lograr una sobriedad de calidad mientras no se trate la Codependencia subyacente.

Al profundizar en el ejemplo del témpano de hielo ("iceberg") de la Figura 16.1, observamos que las raíces de nuestra Codependencia son la culpa, la vergüenza y el miedo al abandono (incapacidad para confiar) que corresponden a las tres primeras crisis psicosociales de Erikson.

La culpa explica nuestra incapacidad para tomar decisiones, para "desatascarnos" y tener en cuenta nuestras propias necesidades. Esta culpa es la que nos mantiene protegiendo a nuestra familia de origen pero nos hace incapaces de protegernos al nivel más cercano a la superficie de nosotros mismos.

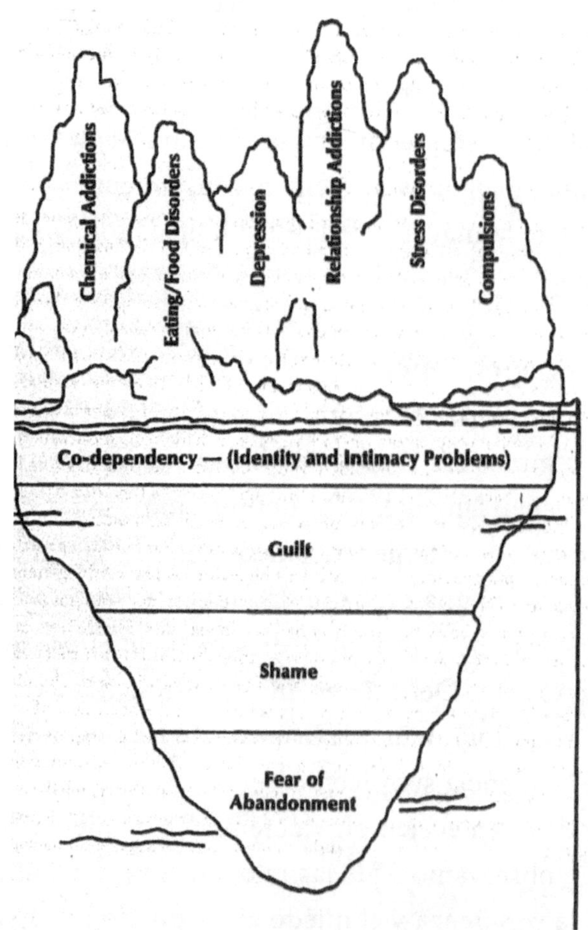

Figura 16.1. Modelo unificador de la Codependencia y las adicciones

inglés	español
Chemical Addictions	adicciones a sustancias químicas
Eating/Food Disorders	trastornos alimenticios
Depression	depresión
Relationship Addictions	adicciones a las relaciones
Stress Disorders	trastornos de estrés
Compulsions	compulsiones
Co-dependency – (Identity and Intimacy Problems)	codependencia (problemas de odentidad e intimidad)
Guilt	culpa
Shame	vergüenza
Fear of Abandonment	miedo al abandono

La vergüenza representa nuestra incapacidad de estar separados, estar solos, disfrutar el hecho de estar solos, ser interdependientes con los demás, y sentirnos bien con nosotros mismos. Representa nuestros sentimientos de estar descompuestos y defectuosos, de saber que no cometemos errores sino que somos errores. El miedo al abandono está en el centro mismo de nuestro interior. Ser codependientes significa que, a un nivel profundo e inconsciente, creemos que no tenemos derecho a existir, vivir o sobrevivir. Está ahí porque, ya sea literal y abiertamente o metafórica y encubiertamente, fuimos abandonados o descuidados una y otra vez durante nuestra infancia, hasta que nuestra confianza se erosionó tanto que no podíamos confiar en nadie.

¿Es la Codependencia universal?

En base a nuestra definición, ¿no es verdad que casi todo el mundo es codependiente? ¿No es cierto que casi todo el mundo tuvo alguna forma de disfunción en su infancia, que podría conducir a síntomas de Codependencia? Y si todo el mundo tiene "eso," ¿no pierde este término su significado conceptual y diagnóstico? No lo creemos así por las mismas razones, que la "depresión" no ha perdido su significado a pesar del hecho que todo el mundo la experimenta a veces. El Manual de Diagnosis y Estadísticas de la Asociación Americana de Psiquiatría (DSM-III-R) siempre describe los síntomas pero nos pide que observemos la duración y gravedad de ellos así como el número total de síntomas, antes de hacer un diagnóstico definitivo. Lo mismo debería ser cierto de la Codependencia. El hecho de que todos tengan algún comportamiento de Codependencia no significa que el concepto sea inútil.

Una de las principales críticas de la Codependencia que se hacen, al menos en Minnesota, es que la Codependencia es discriminatoria hacia las mujeres porque nuestra cultura las incentiva a practicar algunos comportamientos codependientes como parte de su rol "normal" femenino. Consideramos que nuestra definición y modelo de Codependencia no cae en esta trampa porque no tiene un sesgo "masculino" ni "femenino." Implica que no es saludable tener demasiado enfoque en los demás así como lo es tener muy poco enfoque en los demás. Permite identidades masculinas y femeninas separadas y, al igual que los modelos recientes de androginia psicológica, supone que los más saludables de nosotros somos capaces de aplicar rasgos masculinos y femeninos dónde y cuándo sea apropiado. También implica que el comportamiento de víctima no es saludable, ya sea en un hombre o una mujer, al igual que el comportamiento del "infractor" o del "rescatador." Por lo tanto, evita lo que creemos se ha convertido en una dicotomía peligrosa y falsa y. en un estereotipo engañoso, del "hombre abusivo, infractor y adicto casado con la madre excesivamente responsable, santa, codependiente, víctima y rescatadora."

En otras palabras, vemos que la Codependencia resulta del abuso y negligencia en la infancia. Algunos codependientes pasan posteriormente a medicar el dolor de su Codependencia, convirtiéndose en alcohólicos o drogadictos. Otros manejan ese dolor convirtiéndose en santos o mártires. Varios se vuelven adictos al trabajo, limpiadores compulsivos, adictos a sus hijos, a la televisión, a las relaciones, etc. Algunos manipulan, otros son manipulados, y la mayoría hace ambas cosas en ciclos.

Implicaciones del tratamiento

Nuestro modelo también tiene algunas implicaciones claras para el tratamiento. En general, estamos de acuerdo con la necesidad de tratar primero la adicción manifiesta porque es la que nos impide tener nuestros sentimientos y admitir nuestra Codependencia subyacente.

Si *se trata de* una adicción a las relaciones, debemos dejar de practicar la relación, al igual que tendríamos que dejar de usar fármacos en el caso de una adicción a sustancias químicas. Por lo tanto, el tratamiento primario del síntoma superficial principal debe ser el primer paso.

El siguiente paso en la recuperación es identificar los problemas de Codependencia subyacentes. Estos serán principalmente problemas de identidad y formación de la identidad que, básicamente, requieren que la persona se adentre en lo profundo de sí mismo(a), en su pasado y en su familia de origen para tratar los problemas de culpa, vergüenza y miedo al abandono. Esta es una tarea intrapsíquica y de los sistemas familiares que no puede realizarse de la noche a la mañana a través de un tratamiento de Codependencia que dure 30 días. Se puede iniciar en un programa de este tipo pero requiere un proceso de recuperación de 12 Pasos en A.A., AI-Anón, y Niños Adultos de Alcohólicos o Codependientes Anónimos. Se necesita psicoterapia individual además de psicoterapia grupal intensiva, para disminuir la vergüenza.

En lo que respecta a la recuperación, un buen indicador de lo bien que estamos es notar cuando dejamos de decir: "¿Cuánto tiempo pasará antes de que me recupere de este dolor?" Cuanto menos decimos esto, más cerca estamos de la recuperación... porque creemos que una vida sana incluye el dolor, la alegría, la tristeza, la ira, la confusión, la felicidad, la soledad, la calidez, la cercanía y que la recuperación significa buscar en lo más profundo a ese *niño herido* para que pueda comenzar a sanar de adentro hacia afuera. Y eso, generalmente, lleva años y vale la pena cada minuto del proceso.

Evaluación de la Codependencia

Para ayudar a identificar los problemas de los Niños Adultos y la Codependencia discutidos hasta ahora, diseñamos un inventario que hemos estado utilizando durante los últimos cinco años tanto en investigaciones como en trabajos clínicos. También encontramos que es una herramienta útil para que las personas comiencen a identificar por sí mismas los problemas sobre los que necesitan trabajar.

El Inventario Friel de Niños Adultos/Codependencia (*Friel Adult Child/Co-dependency Inventory*) (Friel, 1985) está basado en nuestro marco de desarrollo e incluye muchos de los síntomas centrales que creemos definen la Codependencia. Si usted decide responder a las preguntas del Inventario, le pedimos (1) que responda de la manera más honesta posible, dejando de lado la mayor cantidad de negación que pueda en este momento y (2) que lo responda usted solo(a) y no sienta que tiene que compartir los resultados con nadie más, excepto con usted mismo(a). Es muy importante que comience a enfocarse en usted mismo(a), sin preocuparse de que alguien más lo "descubra" o avergüence.

Para calificar el inventario, dese 1 punto por cada respuesta *"verdadera"* de todos los ítems de *números pares* y dese 1 punto por cada respuesta "falsa" de los ítems de los números impares. Usted puede tener un puntaje total posible de 60 puntos.

En las investigaciones que hemos realizado hasta ahora, hemos encontrado que un puntaje de 10 a 20 puntos indica problemas de rango medio de Codependencia y Niños Adultos, un puntaje de 21 a 30 puntos indica problemas de rango leve-moderado, de 31 a 45 puntos indica problemas de rango moderado a severo y uno mayor de 45 puntos indica problemas severos. Sin embargo, en lugar de mantener el puntaje, le sugerimos nuevamente que utilice este Inventario como una herramienta de autoexploración. Y, como discutiremos en el próximo capítulo, lo invitamos a planear una sesión de evaluación con un profesional si siente que alguno de estos problemas está interfiriendo con su felicidad y sensación de bienestar.

Inventario Friel para la Evaluación de Niños Adultos y Codependencia

A continuación presentamos una serie de preguntas relacionadas con la manera cómo usted se siente acerca de usted mismo, su vida y los que le rodean. Asegúrese de contestar honestamente cada pregunta, pero no pase demasiado tiempo pensando en una sola pregunta en particular. No hay respuestas correctas o incorrectas. Lea cada pregunta tal como está y respóndala con base en la manera como usted normalmente se siente.

1. Aparto suficiente tiempo para hacer cosas solo para mí mismo cada semana.
2. Paso mucho tiempo criticándome a mí mismo después de tener una interacción con otra persona.
3. No me avergonzaría si la gente supiera ciertas cosas acerca de mí.
4. A veces siento como que pierdo mucho tiempo y no llego a ninguna parte.
5. Me cuido lo suficientemente bien.
6. Por lo general, pienso que es mejor no decirles a las personas que me molestan... pues esto solo causa peleas y hace que se disgusten todos.
7. Estoy contento por la manera como mi familia se comunicaba cuando yo estaba creciendo.
8. A veces no sé cómo me siento realmente.
9. Estoy muy satisfecho con mi vida amorosa íntima.
10. Últimamente me he sentido cansado.

11. Cuando estaba creciendo, a mi familia le gustaba hablar abiertamente sobre los problemas.

12. A menudo me veo feliz cuando estoy triste o enojado.

13. Estoy satisfecho con la cantidad y el tipo de relaciones que tengo en mi vida.

14. Incluso si tuviera el tiempo y el dinero para hacerlo, me sentiría incómodo tomando unas vacaciones solo.

15. Tengo suficiente ayuda con todo lo que debo hacer cada día.

16. Me gustaría poder lograr mucho más de lo que estoy logrando ahora.

17. Cuando era niño, mi familia me enseñó a expresar mis sentimientos y afectos abiertamente.

18. Es difícil para mí hablar con alguien que represente alguna autoridad (jefes, maestros, etc.).

19. Cuando estoy en una relación que se vuelve demasiado confusa y complicada, no tengo problema en salir de ella.

20. A veces me siento bastante confundido acerca de quién soy y qué quiero lograr en mi vida.

21. Estoy satisfecho con la forma como me ocupo de mis propias necesidades.

22. No estoy satisfecho con mi carrera.

23. Por lo general manejo mis problemas con calma y directamente.

24. Contengo mis sentimientos la mayor parte del tiempo porque no quiero lastimar a otras personas o que me subestimen.

25. No siento que estoy "atrapado en una rutina" muy frecuentemente.

26. No estoy satisfecho con mis amistades.
27. Cuando alguien hiere mis sentimientos o hace algo que no me gusta, tengo poca dificultad para decírselo.
28. Cuando un amigo cercano o pariente me pide ayuda para hacer más de lo que a mí me gustaría hacer, por lo general le digo "sí" de todos modos.
29. Me encanta enfrentarme a nuevos problemas y soy bueno para encontrar soluciones para los mismos.
30. No me siento bien acerca de mi infancia.
31. No me preocupo mucho por mi salud.
32. A menudo siento que nadie me conoce realmente.
33. Me siento tranquilo y pacífico la mayor parte del tiempo.
34. Me resulta difícil pedir lo que quiero.
35. No dejo que la gente se aproveche de mí más de lo que a mí me gustaría.
36. Estoy insatisfecho con al menos una de mis relaciones cercanas.
37. Tomo decisiones importantes con bastante facilidad.
38. No confío en mí mismo cuando manejo situaciones nuevas tanto como me gustaría.
39. Soy muy bueno para saber cuándo hablar y cuándo cumplir los deseos de los demás.
40. Ojalá tuviera más tiempo fuera de mi trabajo.
41. Soy tan espontáneo como me gustaría ser.
42. Estar solo es un problema para mí.
43. Cuando alguien a quien amo me molesta, no tengo ningún problema en decírselo.
44. A menudo tengo tantas cosas que pasan a la vez, que realmente no hago ninguna de ellas bien.

45. Me siento muy cómodo dejando que otros entren en mi vida y dejándoles ver quien soy yo verdaderamente.

46. Pido demasiadas disculpas a los demás por lo que hago o digo.

47. No tengo ningún problema en decirle a las personas cuando estoy enojado con ellas.

48. Hay mucho qué hacer y no hay suficiente tiempo. A veces me gustaría dejarlo todo.

49. Tengo pocos remordimientos acerca de lo que he hecho con mi vida.

50. Tiendo a pensar en los demás más que en mí mismo.

51. La mayoría de las veces, mi vida ha avanzado de la manera que yo lo he deseado.

52. La gente me admira porque soy muy comprensivo(a) con los demás, incluso cuando hacen algo que me molesta.

53. Me siento cómodo con mi propia sexualidad.

54. A veces me siento avergonzado por los comportamientos que tienen las personas cercanas a mí.

55. Las personas importantes en mi vida conocen "el verdadero yo," y no me preocupa que me conozcan.

56. Hago mi parte del trabajo y a menudo un poco más.

57. No siento que todo se desmoronaría sin mis esfuerzos y atención.

58. Hago demasiado por otras personas y luego me pregunto por qué lo hice.

59. Estoy feliz por la forma como mi familia enfrentaba los problemas cuando yo estaba creciendo.

60. Ojalá tuviera más personas con quienes pudiera hacer cosas.

Parte V
En recuperación: ¿Qué hago ahora?

El hombre de verdadera grandeza nunca pierde su corazón de niño.

Mencio (filósofo chino): Tratados, IV, Circa 300 A.C.

Capítulo 17

Descubrir y admitir

Recordamos los días antes de que Kenneth Cooper desarrollara su conocido sistema de puntaje para averiguar cuánto ejercicio aeróbico realizamos al trotar y nadar, etc. (Cooper, 1970). Era genial. Podíamos salir en una fresca tarde de domingo en otoño, correr alrededor de la cuadra un par de veces hasta que sudáramos y nos sintiéramos agitados, y luego regresar a la comodidad de nuestros acogedores hogares, seguros de que estábamos haciendo maravillas con nuestros cuerpos debido a nuestros esfuerzos vigorosos. Incluso, nos jactamos de ello al día siguiente en el trabajo.

"¡Vaya, me siento genial!" decíamos, "¡Corrí un par de millas ayer!" Nuestros colegas sacudían la cabeza con asombro y lo atribuían a la segunda infancia o al inicio de la senectud.

Pero a su manera sincera y bien intencionada, Kenneth Cooper cambió todo eso. De repente, apareció una manera fácil de entender e infalible para determinar cuánto beneficio cardiovascular realmente estábamos obteniendo de los trotes que hacíamos alrededor de la cuadra. Se recibía un cierto número de puntos por correr una milla en ocho minutos y un cierto número de puntos eran necesarios cada semana para mantener una buena condición cardiovascular, sin condiciones ni peros.

En confianza, déjeme decirle que nos subíamos a nuestros automóviles y medíamos qué distancia habíamos trotado. ¡Sorpresa!

"¿Nueve décimas de una milla?" gritábamos con incredulidad. "Demonios, algo malo debe estar ocurriendo con este maldito odómetro. Lo mediré con el otro auto." Son nueve décimas de una milla. "Está bien. Me siento animado. Mediré una milla exacta y luego me cronometraré. ¡Solo sé que estoy en buena forma!"

Al día siguiente corríamos esa milla, esforzándonos tanto como podíamos. Agotados y al borde de un paro cardíaco, mirábamos suplicándoles a nuestros cónyuges y con el cronómetro en mano:

"Bueno, ¿qué tal lo hice?" preguntábamos.

"No está mal para alguien de mediana edad..." era la respuesta. "Ocho minutos y medio." ¿Ocho minutos y medio? ¿Y cuántos días a la semana tengo que hacer esto para mantener un buen estado cardiovascular? ¡Tonterías! Cooper debe haber calculado mal sus tablas.

Kenneth Cooper no había calculado mal sus tablas. Es cierto que él las había ajustado y perfeccionado a lo largo de los años pero su sistema básico no solo sigue intacto sino que comenzó y ha mantenido una de las revoluciones verdaderamente saludables en Estados Unidos. Al romper nuestro sistema de negación sobre cuánto ejercicio realmente estábamos haciendo e introducir una estrategia saludable, gradual y sana para cumplir un programa regular de ejercicio aeróbico, Kenneth Cooper sacó literalmente a millones de estadounidenses, flácidos y faltos de fuerza, fuera del oscurantismo y los introdujo al buen estado físico.

Sí, también llevó a muchos estadounidenses a sufrir un ataque cardíaco temprano y enfrentar la muerte; llevó a otros a una adicción al trote que los ha dejado con síndrome de estrés tibial, pies desfigurados y rupturas matrimoniales, entre otras consecuencias. No estamos eludiendo aquí el tema de las adicciones al trote solo porque estamos usando el sistema de Cooper como ejemplo. Toda nueva tecnología, sistema o descubrimiento científico se presta a abusos por parte de los seres humanos. Eso es tan cierto sobre la información que le ofrecemos en este libro como para cualquier otra información o máquina. De hecho, *la incapacidad de utilizar nueva información o tecnología de manera saludable es un síntoma clave de la disfunción que existe en nosotros.* Nuestro énfasis es que hay un primer paso que debemos dar si queremos comenzar nuestra recuperación como Niños Adultos. Este paso se denomina "Descubrir y admitir."

Descubrir y admitir

Descubrir y admitir son dos de los actos más valientes, dolorosos, honestos y supremamente potenciadores de crecimiento que nosotros, como seres humanos, podemos hacer.

Por encima de todo, *descubrir y admitir* requieren de fortaleza, claridad mental y propósito, confianza en uno mismo y en los demás, y fe en que el mundo es básicamente un lugar decente en el que se puede estar. Debido a esto, *descubrir y admitir* están muy lejos de las cosas fáciles y ordinarias que hacemos cada día. En verdad, una serie muy compleja de eventos, tanto dentro como fuera de nosotros mismos, precede lo que llamamos el verdadero *descubrimiento y la verdadera admisión.*

Lo que Kenneth Cooper hizo para el ejercicio aeróbico fue proporcionar un medio para que *erosionáramos suavemente nuestro sistema de negación* de la verdadera cantidad de ejercicio que estábamos haciendo. Usamos los términos "erosionar suavemente" porque eso es exactamente lo que debe suceder. En todos los casos, excepto en los más extremos, nuestros sistemas de negación se rompen *lenta y cuidadosamente* con el tiempo debido a que los tenemos por una razón que inicialmente, cuando los construimos, tenía mucho sentido. Los sistemas de negación son edificados para un propósito lógico y sensato. Sin ellos, tendríamos grandes problemas psicológicos. El verdadero conflicto surge cuando ese sistema de negación protectora, que una vez construimos por una buena razón, empieza a interponerse en nuestro camino.

Si usted creció en una familia alcohólica, por ejemplo, entonces aprender inconscientemente a negar sus propios sentimientos verdaderos era una maniobra protectora normal porque los mensajes familiares que usted recibía sobre esos sentimientos eran demasiado locos. La negación de los sentimientos se convirtió en una respuesta de supervivencia absoluta para usted como niño impotente en una familia abrumadoramente confundida.

El problema surge cuando usted se vuelve adulto y trata de tener una familia propia o cuando trata de ser feliz y espontáneo. En ese momento, el sistema de negación que le tomó tantos años desarrollar y perfeccionar se interpone en el camino. Usted puede pasar de una relación "loca" a otra. Usted se encuentra en un círculo de amigos que se apoyan en usted todo el tiempo pero que nunca parecen dejar que usted se apoye en ellos o, cuando lo dejan, las cosas se vuelven más confusas que nunca.

Usted se casa y tiene hijos, pensando que todo lo que tiene que hacer es casarse y tener hijos para corregir todos los errores que cometieron con usted cuando era niño Sin embargo, usted se encuentra haciendo algunas de las mismas cosas locas (gritándoles a los hijos por solo ser niños, siendo demasiado crítico y perfeccionista como lo eran mamá o papá) y preguntándose por qué demonios lo está haciendo, cuando juró que las cosas nunca serían así para sus hijos.

Tarde o temprano, pero inevitablemente y a pesar de todo, usted se deprime, se cansa, se preocupa, se angustia y se desespera; y, aun así, nada tiene sentido. Lo que está experimentando como resultado de crecer en esa familia alcohólica, es el final de su sistema de negación que lo protegió tanto cuando era niño. Y nuestro énfasis aquí es que tomó años de cuidadosa construcción inconsciente lograr que nuestra propia supervivencia no se derrumbara, de la noche a la mañana, en un destello de perspicacia con trompetas y ángeles en el trasfondo. Puede parecer así para algunos de nosotros, cuando finalmente nos abrimos paso pero, de hecho, nuestro primer avance es, en realidad, el resultado de quizás años de lucha interna que solo hasta ahora se ha vuelto externa.

Los que han tenido la fortuna de buscar ayuda para estos problemas, probablemente estarán muy familiarizados con lo que tenemos que decir. Para ustedes que no la han tenido, esperamos que obtengan algo útil de ello (aunque solo sea la oportunidad de tomarse un tiempo para pensar en sí mismos, en lugar de estar siempre atrapados en el ajetreo y el bullicio de la vida diaria).

1. **El primer paso** para descubrir y admitir consiste en dar un paso atrás en su vida por un periodo de tiempo saludable y simplemente mirar la vida como si usted fuera otra persona. Por lo general, esto no se puede hacer mientras usted esté en medio de su rutina diaria, así que no le recomendamos que lo intente mientras esté en esa rutina. Hemos proporcionado un excelente sistema para ver la vida propia en nuestro folleto titulado *"Life On My Own Terms: Stress Addiction Recovery Guide"* (*La Vida en Mis Propios Términos: Guía Para Recuperarse de la Adicción al Estrés*) (Friel & Friel, 1986). Si usted descubre que no tiene tiempo para estar solo y hacer

esto, entonces ya existe una muy buena posibilidad de que tenga un verdadero problema en una de estas áreas.

Dé un paso atrás en su vida y pinte una imagen en su mente de cómo se ve y se siente su vida. ¿Es una buena vida? ¿Se siente íntegro(a)? ¿Es gratificante? ¿Cálida? ¿Es tan buena como parece? ¿Es desafiante en forma positiva o es algo más? ¿Aburrida? ¿Demasiado emocionante para que en verdad la pueda manejar cómodamente? ¿Asfixiante? ¿Aterradora? ¿Quién está en ella? ¿Hay suficientes personas en ella? ¿Demasiadas? ¿Son el tipo de personas que realmente quiere tener en ella? (Después de todo, es su vida, no la de otro.) ¿Le agradan? ¿Les agrada usted a esas personas? Recuerde, está haciendo esto por usted mismo(a) y no por alguien más. Además, tenga en cuenta que nuestros sentimientos manifiestan lo que en realidad somos.

2. **El segundo paso** consiste en comenzar a hablar con la gente sobre usted mismo. Obtenga retroalimentación de su cónyuge y/o amigos. Averigüe si la manera como usted ve las cosas, es la misma como los demás las ven ellos. No es necesario que todos veamos las cosas igual pero el aislamiento emocional, ya sea que estemos rodeados de personas o solos, es una de las características clave del doloroso estilo de vida de los Niños Adultos.

   ¿Considera su cónyuge que usted es adicto(a) al trabajo? Si es así… ¿Qué piensa su jefe? ¿Y sus amigos? De hecho, ¿Tiene a alguien más aparte de su cónyuge con quien pueda hablar de cosas personales? Si no lo tiene, entonces puede estar casi 100% seguro que usted tiene un problema. Recuerde que nuestros síntomas y nuestra disfunción nacen de la vergüenza y el miedo a ser descubiertos y que las personas saludables tienen gente en quien confiar.

3. **El tercer paso** para descubrir y admitir es obtener información. Al principio, usted solo hará esto a través de la lectura de libros como el que está leyendo ahora y, tal vez, asistiendo a un seminario o taller sobre Niños Adultos, Codependencia o Adicciones que se esté realizando en el área donde usted vive. Esta es una manera segura de analizar la situación sin tener que revelar nada sobre usted mismo(a). También es posible que desee hacer nuestro Inventario de Niños Adultos/Codependencia o responder a uno de los muchos cuestionarios breves, que son publicados en revistas populares o proporcionados por centros de tratamiento, que abordan temas como la dependencia de sustancias químicas, trastornos alimenticios, adicción sexual o depresión, entre otros. Si usted sospecha que podría tener alguna adicción, vuelva a leer el Capítulo 4 y pregúntese cuántas de esas características tiene. Solo se necesitan dos o tres de esas señales de advertencia para justificar la necesidad de obtener una evaluación profesional.

4. **En el cuarto paso** de este proceso, usted tomará una decisión sobre su estilo de vida actual y su pasado aunque no la tomará de una sola vez por todas. Usted puede aceptar y luego negar que es un Niño Adulto de una Familia Disfuncional. De hecho, hemos visto a muchas personas pasar por un programa de tratamiento formal para superar una adicción, una Codependencia o algún otro síntoma y luego volver a su negación meses después. El consejo que da A.A. de tomar "Un Día a la Vez" es sabio porque la recuperación es un pro-

ceso y parte de ella consiste en admitirse a sí mismo cada día que es un Niño Adulto.

Para resumir este primer paso crucial de la recuperación, recuerde que d*escubrir y admitir* es en sí un proceso. Es muy común que las personas tengan una irrupción inicial de recuperación en el que sus defensas bajan y sienten suficiente dolor como para decir: "Sí, soy alcohólico..." o "Sí, vengo de una familia disfuncional." Esta abrupta percepción será seguida a menudo por acciones positivas tales como unirse a un grupo del programa de 12 Pasos, entrar en terapia o incluso ingresar a un tratamiento hospitalario. Pero la recuperación debe vivirse un día a la vez y la atracción de nuestro pasado y nuestros sistemas familiares es fuerte. Si de hecho somos alcohólicos, adictos al sexo, bulímicos o deprimidos crónicos (específicamente debido a nuestros sistemas familiares), etc., habrá una tremenda presión de las fuerzas que están dentro y fuera de nosotros para volver a nuestro antiguo estilo de vida.

El resplandor puede desgastarse. Es muy fácil dejar de consumir licor mientras nos encontramos en un tratamiento hospitalario contra el alcoholismo. Parte de la recuperación consiste en abstenerse de consumir licor después de salir del tratamiento. Para muchos de nosotros, el probar los límites del nuevo sistema también es parte de la recuperación.

"No soy realmente alcohólico," nos decimos a nosotros mismos. "Aprendí mucho del tratamiento. Me ayudó a ver cómo mi vida y mi familia son disfuncionales. Pero no soy realmente alcohólico. Solo bebí por causa de todo el estrés." Hemos visto que esto es realmente cierto en unos cuantos casos. Sin embargo, en la mayoría de los casos, esta es simplemente la manera en que nuestra negación se apodera de nosotros de nuevo. Suele ocurrir cuando dejamos de trabajar en nuestro programa de recuperación o cuando dejamos de ir a las reuniones porque estamos demasiado ocupados; o cuando dejamos de revisar nuestros sentimientos a diario; o nos metemos en otra relación adictiva que es una representación de nuestro sistema familiar disfuncional original. Y, en solo unos pocos días o semanas, estamos de vuelta en el aislamiento, la desesperación, la adicción, la depresión, los pensamientos negativos y la vergüenza que nos llevaron a la recuperación en primer lugar.

Creemos que la vida nos dice lo que necesitamos saber sobre nosotros mismos, si solamente escuchamos con atención. También estamos convencidos de que todo lo que necesitamos para salir adelante en esta vida siempre está disponible para nosotros cuando lo aceptamos. Entonces, aún si volvemos a caer en la negación y perdemos todo lo que es importante para nosotros (nuestro cónyuge, familia, amigos, trabajo, valores, significado), podemos recuperarlo todo, aunque tal vez, en una forma diferente si estamos nuevamente dispuestos a admitir que somos impotentes contra los demonios de nuestras vidas y estamos dispuestos a pedir ayuda. *La ayuda siempre está ahí si podemos dar este primer paso.*

Capítulo 18

Trabajando en un programa

En los círculos de 12 Pasos, "trabajar en un programa" significa seguir un programa diario de recuperación. Para ustedes que no están familiarizados con los "Programas de 12 Pasos," nos referimos a los 12 pasos originales de Alcohólicos Anónimos en base a los cuales se han diseñado la mayoría de los demás Grupos Anónimos. Pero, antes de hablar directamente sobre el tema de la recuperación, nos gustaría compartir con ustedes una historia típica de recuperación.

El proceso de recuperación de Jack

Jack creció en una casa suburbana de clase media en las afueras de Denver, Colorado. Es el mayor de tres hermanos. Obtuvo una licenciatura en Comercio y Administración en el año 1969 y, luego, empezó a trabajar para una empresa local de manufactura. Tres años después de graduarse, se casó con Betsy con quien comenzó una familia de inmediato.

Siete años después del matrimonio, Jack comenzó a sentirse "estancado." Un día, un amigo del trabajo lo invitó a trotar. Él aceptó con la esperanza de que el trotar pudiera ayudarlo a salir del estancamiento. Y así fue. En pocos meses, Jack había entrenado hasta lograr correr 10 millas por día y, al final de su primer año, corrió en un maratón. Su productividad en el trabajo se multiplicó por diez y su vigor y entusiasmo por la vida fueron renovados. Todos, fuera de su casa, lo veían como una persona activa y con mucha energía. Era emocionante estar cerca de él. En el trabajo, era ambicioso, generoso y encantador.

Al mismo tiempo que todo esto ocurría, fuera de su casa, las cosas dentro del hogar comenzaron a deteriorarse. Betsy y Jack se habían distanciado el uno del otro. Ella comenzó a quejarse mucho con Jack por sus largas ausencias de sus hijos y de ella, mientras él entrenaba para participar en maratones. Peleaban durante unas horas y luego permanecían fríos y distantes durante varios días.

Los hijos captaron muy rápidamente esta tensión encubierta y comenzaron a andar sigilosamente dentro de la casa durante los largos períodos de silencio. La vida sexual de Jack y Betsy casi desapareció. Debajo de la emoción de su vida exterior, se desarrolló un profundo entumecimiento dentro de él. El simplemente sentarse a cenar con Betsy y sus hijos se convirtió en una señal de su deseo de escapar… de huir de todo. Estaba aburrido con la charla de nimiedades que tenían a la hora de comer. Las pequeñas cosas del día a día que compartían entre sí lo irritaban. Perdió interés en sus hijos y en su esposa.

Aproximadamente dos años después de esta fase de su vida, Jack comenzó a apostar en juegos de azar. Al principio, solo compraba algunos billetes de lotería pero la sensación emocionante que experimentaba pronto lo abrumó. Pasó de esa etapa a la que requería varios viajes al año a la ciudad de Reno, donde comenzó a perder grandes sumas de dinero. Y, hacia la etapa final, tomaba ya riesgos increíbles en el mercado de valores.

Betsy pensó que era divertido al principio. Ella nunca habría tomado por sí misma los pequeños riesgos que ahora estaban tomando. Incluso, compró algunos billetes de lotería por su cuenta.

Pero no fue divertido por mucho tiempo. Perdió la cuenta de las noches de insomnio que pasó preocupándose por "la gran pérdida" que los golpearía y los llevaría a la quiebra. Ella estaba absolutamente sola, incluso cuando Jack no estaba apostando, porque siempre vivía preocupada por eso. Todo se convirtió en una pesadilla para ella. Finalmente, Betsy se volvió demasiado insensible para preocuparse. Jack también se había vuelto insensible sin siquiera notarlo. Había pasado toda su vida trabajando, corriendo y apostando. Se había aislado totalmente de su familia, de sus amigos y de sí mismo. Sus tres adicciones tenían dominio absoluto sobre él.

La recuperación de Jack no fue fácil. El terapeuta familiar, al que Betsy finalmente fue, le recomendó a ella que comenzara a asistir a grupos de 12 Pasos para Niños Adultos de Alcohólicos porque el padre de Betsy era alcohólico. El terapeuta también recomendó que Jack ingresara a un tratamiento hospitalario para tratar su adicción al juego. Jack se negó.

"Esto no es gran cosa," proclamó Jack. "Puedo manejar esto yo solo."

Pero Betsy no se rindió. Ella le dijo que debía involucrarse en algún tipo de terapia de grupo o le pediría que se mudara de la casa.

La estrategia de Jack fue buscar hasta encontrar a un terapeuta que viera las cosas a su manera. Los dos primeros terapeutas que visitó le recomendaron entrar a un tratamiento. El tercero le dijo que debería unirse a un grupo de terapia para hombres y que, probablemente, no era adicto al juego. Así que Jack se unió a ese grupo.

Jack se quedó en el grupo varios meses y nada cambió realmente. Pero Betsy estaba cambiando.

Cuatro meses después de su terapia, Betsy asistió a un programa intensivo de tratamiento a corto plazo para tratar problemas de

Niños Adultos / Codependencia. Llevó a cabo mucho trabajo doloroso sobre su familia de origen y problemas de abuso y negligencia. Salió de ese programa algo "cruda" pero, por primera vez en su vida, se encontraba profundamente conectada con la Pequeña Niña que vivía dentro de ella.

Por fin, Betsy empezaba a tener una imagen clara de su vida. No estaba satisfecha con ser la esposa de un adicto que no se recuperaba. Dos meses después de su tratamiento a corto plazo, ella se acercó a Jack con calma pero intencionalmente.

"Jack, me preocupo por ti," dijo ella. "Hemos compartido gran parte de nuestras vidas. Porque te amo, ya no puedo seguir mirando y ser parte de tu autodestrucción. He tomado la decisión de permanecer en este matrimonio, por ahora, si ingresas a un tratamiento hospitalario para tratar tu adicción al juego. Todo lo que sé con certeza es que ya no puedo vivir de esta manera." Y luego lloró honestamente y sin vergüenza.

Jack ingresó al tratamiento. Fue lo más doloroso que él había hecho porque reveló todo el dolor que había experimentado cuando era niño, al crecer en un sistema familiar disfuncional. Sin embargo, se sintió renovado y vigorizado. Empezó a tener una nueva esperanza. Aprendió rápidamente que el tratamiento es solo el comienzo de la recuperación y que siempre permanecería en recuperación en lugar de recuperarse totalmente. Aprendió que cada día era nuevo y que cada día le ofrecía la opción de estar en recuperación o de manifestar su adicción. También reconoció que tenía adicciones al trabajo y a trotar y que, por lo tanto, tendría que lidiar cada vez más con ellas, a medida que pasaba el tiempo y su espíritu sanaba. Tuvo algunas recaídas en su primer año, cuando compraba boletos de lotería, pero también siguió yendo a su grupo de terapia de cuidado posterior, trabajando honestamente en su programa y asistiendo a un Grupo de 12-Pasos de Apostadores Anónimos. Y cada vez se volvía más saludable.

Los primeros dos años posteriores al tratamiento de Jack fueron difíciles para él y para Betsy. Nunca antes habían sido verdaderamente íntimos por lo que tuvieron mucho que aprender. Se involucraron en una terapia de pareja después de un tiempo para comenzar a aprender a compartir sus sentimientos entre sí, a resolver conflictos sin lastimarse irreparablemente y a satisfacer sus necesidades de maneras no adictivas ni controladoras.

Cinco años después, Jack y Betsy tienen un matrimonio que funciona. Todavía tienen peleas, pero las resuelven. Caen en aislamiento personal pero lo identifican y hacen algo al respecto antes que se agrave. Niegan sus verdaderos sentimientos algunas veces pero están tan bien conectados en la comunidad de recuperación que les es mucho más fácil volver a ese Pequeño(a) Niño/Niña dentro de ellos. Tienen amigos con los que han compartido sus luchas. Pueden reír y llorar juntos sin enredarse en los sentimientos del otro y ambos disfrutan inmensamente las charlas de nimiedades que ellos y sus hijos comparten a la hora de las comidas.

El proceso de recuperación

Existen algunos principios básicos para la recuperación de los problemas de los Niños Adultos que nos gustaría esbozar, con el entendimiento de que cada persona encuentra la recuperación en su propio tiempo y a través de sus propios medios. ¡Esto no significa que podemos recuperarnos nosotros solos! Las personas que se "recuperan" por sí solas, dejando de consumir licor por su cuenta, por ejemplo, no están en recuperación. La recuperación es mucho más que simplemente dejar de consumir licor o de atracar y purgar alimentos. Para muchos alcohólicos, dejar de consumir licor es relativamente fácil en comparación con la tarea de vivir una vida equilibrada y saludable. La recuperación es mucho más que lidiar con nuestros problemas subyacentes de codependencia, culpa, vergüenza y miedo al abandono. Tiene que ver con el no sustituir un síntoma por otro. Se trata de no intentar controlar a los que nos rodean, de tener y confiar en nuestros sentimientos y de hacer que nuestras necesidades emocionales se satisfagan de manera saludable. Tiene que ver con sentir que pertenecemos, que no somos mejores ni peores que los demás. Se trata de sentir que el mundo es básicamente un lugar seguro en el que se puede estar y que nosotros nos sentimos bien en él Recuerde estos puntos a medida que lea los principios de la recuperación a continuación.

1. La recuperación es un proceso

Esto es tan simple que raya en ser trillado pero es tan fácil de olvidar que debemos recordarnos este principio de vez en cuando. Es fácil sentirse bien cuando las cosas nos van muy bien. Pero, cuando no nos va tan bien, es fundamental recordar que estamos en un viaje de recuperación que incluye altibajos. En la vida tenemos estrés y tragedias, seamos bulímicos o no. La vida es impredecible seamos comedores compulsivos o no. La vida es difícil a veces, seamos Niños Adultos o no.

2. La recuperación no la puede lograr una persona por sí sola

Como ya hemos dicho muchas veces, tratar de lograr la recuperación por sí sola es uno de los síntomas principales de nuestra disfunción. Esto tiene mucho que ver con la vergüenza que tenemos en lo más profundo (en nuestra esencia) como resultado de lo vivido en nuestra infancia. No queremos que los demás sepan qué está sucediendo dentro de nosotros porque tenemos miedo que se escandalicen, nos rechacen, nos abandonen o nos avergüencen aún más. También tiene que ver con nuestra necesidad de tener control sobre otras personas de manera malsana y verlas con arrogancia y superioridad moral, que son grandes características de la Codependencia.

"Ella es la adicta," decimos. "Cuando ella comience a recuperarse, mi vida estará bien." Traducido, esto significa: "Soy mejor que ella." Desafortunadamente, esta sensación de "ser mejor que" también deja mucho espacio para sentirse "peor que" otros, lo que conduce al aislamiento social y emocional.

La recuperación no se puede hacer solo porque la experiencia de compartir nuestro ser interior con los demás de manera segura es lo que hemos estado dejando de hacer toda nuestra vida. Es cierto que podemos tener muchas personas con quien compartir nuestros problemas hasta altas horas de la noche pero… ¿Son personas que no se enredan con nosotros? ¿Son personas que nos dejan tener nuestro dolor para que podamos aprender de él y hacer algo al respecto? ¿O, nos posibilitan y obtienen la satisfacción secreta de sentir que son mejores que nosotros? ¿Necesitan ser indispensables o pueden simplemente estar allí para nosotros, sin tratar de "arreglarnos" y darnos soluciones todo el tiempo?

No podemos recuperarnos solos, pero tampoco podemos recuperarnos si todo nuestro tiempo lo pasamos con otras personas que tampoco están en recuperación.

3. La recuperación es dolorosa

Esto es lo que mantiene a muchos de nosotros alejados de la recuperación. "Las cosas deben empeorar antes que puedan mejorar…" es uno de los principios clave de la terapia. Remontarse al pasado, a una infancia abusiva y negligente no es fácil ni divertido. Bajar nuestras defensas y sentir el profundo dolor dentro de ese Pequeño(a) Niño/Niña encerrado en nuestro interior, duele. Limpiar una infección con un bisturí duele más que la infección pero, a menudo, es la única forma de sanar una herida de una vez por todas. No promovemos una vida de dolor o martirio constante pero sabemos que este dolor de recuperación debe darse. Y, cuando lo haga, este dolor eventualmente disminuirá.

4. La recuperación implica cambios en la manera en que nos sentimos y actuamos y en lo que creemos

No es suficiente simplemente "pensar el camino de la recuperación." Ni es suficiente simplemente "sentir el camino de la recuperación." No es suficiente "actuar el camino de la recuperación." Algunos de nosotros somos excelentes para leer sobre la recuperación y pensar en la recuperación por lo cual tendemos a quedarnos atascados en ella. Otros, son excelentes para expresar ciertos sentimientos y allí es donde se quedan atascados. Otros de nosotros somos muy expertos en cambiar nuestro comportamiento para que se ajuste a lo que otros esperan de nosotros. La recuperación significa hacer cambios en las tres áreas y lograr una medida saludable de congruencia entre las tres. Es decir, asegurarnos de que lo que hacemos es coherente con la manera en que nos sentimos, y con lo que creemos sobre nosotros mismos y el mundo.

5. Recuperación significa salir de nuestros roles

En el Capítulo 6, mencionamos algunos de los roles disfuncionales en los que nos vemos atrapados a medida que crecemos en nuestras familias. Observamos que estos roles son mutaciones distorsionadas de necesidades verdaderamente saludables que tenemos. La recuperación significa renunciar al papel de mascota, héroe, princesa, facilitador, etc. y satisfacer esas mismas necesidades de manera saludable.

El cuidador de la familia, por ejemplo, sentirá una tremenda culpa al principio, cuando elija dejar de cuidar los sentimientos de mamá o el alcoholismo de papá. Cuanto más un cuidador sea capaz de renunciar a este papel, más podrá tener una reciprocidad saludable en todas las relaciones. Asimismo, debemos renunciar a los roles de infractor, víctima y rescatador, rompiendo el círculo vicioso que se crea con estos tres roles.

6. En la recuperación, recuperamos nuestra capacidad de elegir

Esto es muy difícil de entender al principio. Una y otra vez, nuestros clientes declararán que no tienen opciones para escoger. Esto se experimenta como la poderosa sensación de estar atascado, que es un síntoma clave de la Codependencia. En las trampas de nuestra codependencia, nos convertimos en reactores a las personas y eventos que nos rodean sin darnos cuenta que podemos elegir y actuar. Debido a nuestros sistemas de creencias disfuncionales, nos atrapamos nosotros mismos en un rincón donde somos miserables, pero no vemos salida. Esta es una de las razones por las que creemos que la terapia de la familia de origen es esencial para la recuperación porque son esas creencias distorsionadas de la infancia las que nos mantienen atrapados en ese rincón.

"Si le digo a usted, creo que mi esposo tiene una adicción a la cocaína, simplemente me dejará. Si me deja, estaré sola. Si me deja sola, no podré sobrevivir. Si no puedo sobrevivir, moriré. Además, una buena esposa siempre se queda con su marido pase lo que pase. Eso es lo que dicen nuestros votos matrimoniales. Si confronto su adicción a la cocaína, soy una mala esposa porque estaré causando el final de nuestro matrimonio." Este es el tipo de lógica que usamos para mantenernos atascados.

En algún momento del proceso de recuperación podremos decir: "He recuperado mi capacidad de elegir."

7. La recuperación requiere trascender las paradojas

Una paradoja es algo que parece ser contradictorio pero que, en realidad, es cierto. Es esencial en la recuperación que dejemos de pensar en blanco y negro, lo cual es el fundamento de estas paradojas en las que quedamos atrapados.

Por ejemplo: ¿Puede alguien ser "bueno" y "malo"? ¿Podemos amar y odiar a la misma persona? ¿Podemos llegar a ser poderosos "cediendo"? La respuesta a todas estas preguntas es "sí." Sin embargo, antes de iniciar la recuperación, luchamos muy duro con estas preguntas. Queremos etiquetarlo a él como "bueno" y a ella como "segura" cuando, en realidad, es imposible que alguien sea "bueno" todo el tiempo o que siempre sea "seguro" estar con ella. Del mismo modo, el amor y el odio no son opuestos, en nuestra opinión. Lo opuesto del amor es la indiferencia.

Como escribió Confucio hace muchos siglos: "Solo el hombre verdaderamente bondadoso sabe cómo amar y odiar."

El cuidador de la familia, por ejemplo, sentirá una tremenda culpa al principio cuando elija dejar de cuidar los sentimientos de mamá o el alcoholismo de papá. Cuanto más un cuidador sea capaz de renunciar a este papel, más podrá tener una reciprocidad saludable en todas las relaciones. Asimismo, debemos renunciar a los roles de infractor, víctima y rescatador, rompiendo el círculo vicioso que se crea con estos tres roles.

En resumen

Los elementos básicos de cualquier programa de recuperación incluirán uno y generalmente más de los siguientes elementos:

1. Obligación de participar regularmente en un grupo de autoayuda de 12 Pasos. (Nosotros siempre exigimos esto. Consulte el Apéndice para obtener una lista de grupos de 12 Pasos).
2. Psicoterapia individual.
3. Psicoterapia en grupo.
4. Terapia familiar.
5. Tratamiento hospitalario o ambulatorio.

Si la disfunción que experimentamos durante nuestra infancia fue leve, la participación en un Grupo de 12 Pasos puede ser suficiente. Lo que se debe evaluar para decidir qué es necesario siempre es la calidad de vida que estamos experimentando (por cierto, no nos referimos a la calidad de vida financiera).

A menudo, las personas gastan mucho tiempo y energía en terapias durante los primeros dos años de recuperación. Luego, alcanzan un punto de estabilidad nuevo y simplemente mantienen su recuperación a través de un grupo de apoyo de autoayuda. Posteriormente, a medida que la vida progresa y se enriquece, puede haber necesidad de profundizar aún más en los problemas que aún no han sido abordados.

Un gran porcentaje de las mujeres que asisten a tratamientos hospitalarios por narco-dependencia son sobrevivientes de incesto o abuso sexual, por ejemplo. En los primeros dos años de recuperación es posible que solo se enfoquen en la adicción a productos químicos, en dejar su uso y cambiar los patrones de amistad, cambiar sus amistades por otras que también estén en recuperación y así sucesivamente. Más adelante, será necesario abordar los problemas de abuso sexual en la terapia pero solo cuando la persona esté lista para hacerlo.

Hemos resumido el proceso de recuperación en el siguiente flujograma (Ver Figura 18.1.)

La recuperación es para toda la vida y se vuelve cada vez menos dolorosa a medida que progresamos. Las tensiones que hace cinco años nos habrían llevado a una profunda depresión ahora las manejamos con fuerza y sabiduría. Las tensiones que ahora nos llevan al borde de manifestar nuestros síntomas, no lo harán dentro de cinco años. La vida no es la que cambia. Somos nosotros los que cambiamos.

La recuperación es un proceso de reaprendizaje en el que paso a paso llegamos a ver, sentir y conocer al Pequeño(a) Niño/Niña interior dentro de nosotros.

La recuperación es el permitirnos experimentar la verdad. Al principio, esto es terriblemente doloroso. Al final, nos permite hacer que ese Pequeño(a) Niño/Niña que está dentro de nosotros se sienta seguro, cálido, capaz de ser amado, íntegro, orgulloso, honesto, pacífico y real.

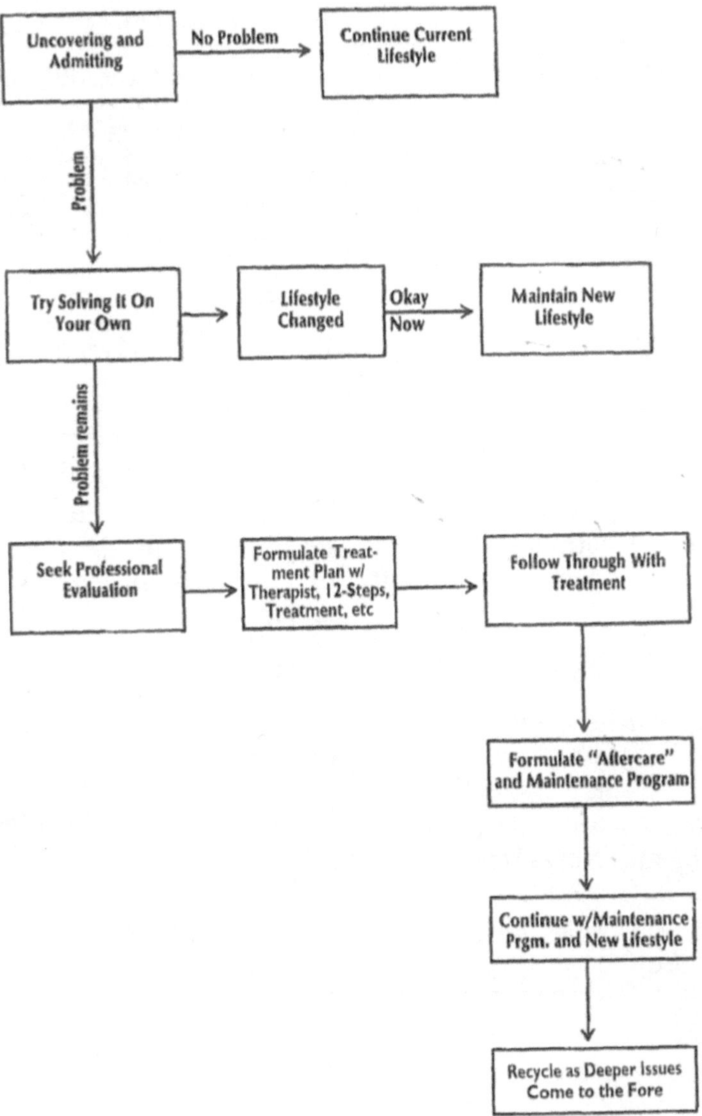

Figura 18.1. Diagrama de Flujo del Proceso de Recuperación

inglés	español
Uncovering and Admitting	Descubrir y admitir
No Problem	Ningún problema
Continue Current Lifestyle	Continuar el estilo de vida actual
Problema	Hay un problema
Try Solving It on Your Own	Intente resolverlo por su cuenta
Lifestyle Changed	Cambio del estilo de vida
Okay Now	Ahora está bien
Maintain New Lifestyle	Mantener el nuevo estilo de vida.
Problem Remains	El problema persiste
Seek Professional Evaluation	Buscar una evaluación [rofesional
Formulate Treatment Plan With Therapist, 12-Steps, Treatment, etc.	Formular plan de tratamiento con un terapeuta, 12 Pasos, tratamiento, Etc.
Follow Through With Treatment	Seguir el tratamiento
Formulate "Aftercare" and Maintenance Program	Formular el programa de cuidado posterior y mantenimiento.
Continue with Maintenance Program, and New Lifestyle	Continuar con el programa de mantenimiento y el nuevo estilo de vida
Recycle as Deeper Issues Como to the Fore	Reciclar a medida que aparezcan problemas más profundos.

Capítulo 19

Unas palabras acerca de la sanidad y la espiritualidad

Todos los Niños Adultos y Codependientes son víctimas de abuso y negación. Nuestro ser más profundo ha sido dañado. Hemos llamado a lo más profundo de nosotros (nuestra esencia) nuestro Pequeño(a) Niño/Niña interior. Lo que se debe sanar es la culpa, la vergüenza y el miedo al abandono que ha experimentado nuestro Pequeño(a) Niño/Niña interior. Nuestra curación debe efectuarse básicamente de adentro hacia afuera.

En el Capítulo 3 de este libro, mencionamos que nuestros síntomas tienen relación con los sentimientos y la intimidad. En otras palabras, nuestros síntomas bloquean nuestras relaciones. Bloquean nuestra relación con nosotros mismos, con los demás, con el mundo en general y con nuestra propia espiritualidad. Por lo tanto, la única manera de sanarnos verdaderamente es restaurar la capacidad de mantener nuestras relaciones. Es, por eso, que la recuperación nunca ocurre en aislamiento; eso es una contradicción por definición.

La "espiritualidad" causa muchas controversias y luchas internas en la mayoría de nosotros. La idea de un Poder Superior, que es una parte esencial de los programas de recuperación de 12 Pasos, mantiene por mucho tiempo a varias personas alejadas de los Grupos Anónimos.

"No quiero nada de esas cosas relacionadas con Dios," proclaman en voz alta. "Estoy harto de eso."

Los autores de este libro creen que esto es cierto porque la espiritualidad es mal entendida. Creemos que muchos de nosotros confundimos la espiritualidad con la religión formal. Parte de esta confusión se debe a que, en algún lugar a lo largo de nuestra vida, se nos presentó un montón de pensamientos en blanco y negro: "debes ser católico, protestante, judío, budista o musulmán, o eres nada en absoluto." Esto pone a nuestro(a) Pequeño(a) Niño/Niña interior en un doble aprieto que nos hace querer evitar el tema por completo. Por eso, queremos dejar muy claro que estamos hablando de espiritualidad, no de religión. La religión que usted elija o no, es asunto suyo, no nuestro.

Tal como la vemos, la espiritualidad es *la relación de uno con lo inexplicable*, inefable, la inmensidad y el poder del universo. Algunos de nosotros llamamos a esta entidad "Dios"; otros no. Nuestra espiritualidad es lo que nos permite soltar las cosas sobre las que no tenemos verdadero control, tales como otras personas, los sentimientos y el amor o la falta de amor de otras personas, accidentes, tragedias o la muerte misma. Nuestra espiritualidad nos permite confiar que nuestras vidas van a tener sentido y que hay un propósito en la vida que descubriremos, paradójicamente, si dejamos de luchar tan intensamente para encontrarlo.

Si, alguna vez, se ha parado en la cima de una montaña o al borde del mar y ha experimentado una tremenda sensación de poder y conexión con el universo y, al mismo tiempo, ha tenido ese sentir de increíble pequeñez e insignificancia personal, entonces usted ha probado la espiritualidad. Es, al mismo tiempo, aterrador e increíblemente energizante.

Pero la espiritualidad es más que estos sentimientos momentáneos que tenemos cuando comulgamos con la naturaleza. Es un sentimiento de conexión con toda la raza humana, con todos los que nos han precedido y con los que vendrán después de nosotros. A partir de ahí, es la relación principal con toda la creación, que se convierte en nuestra forma más elevada de espiritualidad.

Imagínese lo que le sucede a la relación que tenemos con algo más poderoso o inexplicable que uno mismo cuando somos víctimas de abuso y negligencia. El primer "poder superior" (metafóricamente hablando) que experimentamos en la vida son aquellos que nos crían desde la infancia, generalmente nuestros padres. Si ellos abusan de nosotros y nos descuidan, nos están enseñando a no confiar en las entidades que son más poderosas que nosotros mismos. Siempre tendremos miedo de quienes están en puestos de autoridad. Nos defenderemos constantemente de lo inexplicable. Buscaremos consuelo tratando de controlar todo lo que nos rodea para que no volvamos a ser lastimados. Y estaremos destinados a fracasar porque no somos dioses y nunca podremos controlar todo lo que nos rodea.

Sin embargo, en medio de nuestro miedo y el daño que sufrimos, lo intentaremos. En otras palabras, trataremos de convertirnos en nuestros propios dioses. Esta es la razón por la cual muchos de nosotros recurrimos a las adicciones como las sustancias químicas; los productos químicos nos dan la ilusión de estar en control de todo y permiten sentirnos conectados con el universo por un tiempo, al menos hasta que el efecto de la droga desaparece. Nuestra espiritualidad es quizás la última parte de nosotros que se recupera después que iniciamos nuestra recuperación. Y también regresa en diferentes pasos y etapas.

La recuperación de nuestra espiritualidad comienza cuando somos verdaderamente capaces de decir que somos impotentes sobre nuestras adicciones, síntomas o sistemas familiares. La paradoja aquí es que en el mismo momento en que nos *rendimos*, recuperamos parte de nuestro verdadero poder. En lugar de quedar *más* vulnerables e indefensos por causa de esta rendición, en realidad nos volvemos *menos vulnerables* porque ahora no estamos operando de acuerdo con una lógica contraproducente y destructiva que agota todas nuestras energías, tratando de controlar cosas sobre las que no tenemos control. También somos menos vulnerables porque estamos viviendo en la verdad y en la realidad, en lugar de la negación y la defensiva. Sin la negación, podemos usar esa energía para tomar decisiones positivas sobre nuestra vida, en las áreas que tenemos una opción.

Después de rendirnos, podemos confiar un poco en los demás, lo cual comienza a restaurar nuestra relación con otros seres humanos. Para muchas personas, su "poder superior" está representado inicialmente por los miembros de su grupo de recuperación.

A medida que compartimos nuestro Pequeño(a) Niño/Niña interior con otros, en un entorno seguro, nos damos cuenta que la culpa, la vergüenza y el miedo al abandono no tienen que estar necesariamente presentes. Vemos a otros haciendo lo mismo, sin ser criticados ni abusados. Al experimentar este regalo de aceptación total, sentimos un poder en la habitación que nunca antes habíamos sentido. Es mayor que nosotros mismos. Muchas personas en los grupos de 12 Pasos simplemente aceptan este tipo de poder como su Poder Superior por años después.

Para muchas más personas, esta capacidad de estar en relación con un grupo de otros seres humanos abre eventualmente la puerta para confiar que está bien tener una relación con algo que es aún más poderoso que el grupo. Muchas personas llaman a esta entidad

"Dios." Pero las palabras y las etiquetas realmente no importan. Es la relación lo importante. Por eso, es "Dios" de la manera como entendemos a "Dios" y no como alguien más lo entiende.

La sanidad espiritual que tiene lugar durante la recuperación nos regresa totalmente a la primera etapa de la vida, a la confianza versus desconfianza. La capacidad de confiar que la vida está bien y funcionará al final, así no sea agradable en este momento, nos da sabiduría. Tenemos un sentido de pertenencia, propósito y significado. Tenemos opciones.

Entonces, a medida que somos sanados profundamente más y más dentro de nosotros mismos, nuestras vidas van creciendo notoriamente y logran conectarse más con las personas que se encuentran fuera de nosotros mismos. Por lo tanto, la recuperación tiene que ver con la expansión del yo hacia el universo, mientras que, al mismo tiempo, permanecemos humildes y agradecidos por estar compartiendo dentro de la creación.

Postludio

Capítulo 20

Bese a su monstruo en la nariz

Érase una vez una pequeña niña que vivía en un pueblo lejos de la gran ciudad, ubicado en un hermoso valle iluminado por el sol y rodeado por una alta cordillera de montañas cubiertas de nieve.

A medida que la niña crecía, comenzó a caminar por las laderas de las montañas, en su parte más baja. Siendo una adolescente, les preguntó a sus padres si podía ir al pueblo del otro lado de las montañas para visitar a sus abuelos. Al principio, ellos estuvieron muy molestos y preocupados y le contestaron que no podía ir. Pero ella les suplicaba y rogaba, argumentando que algún día sería una joven mujer y que tendría que crecer en algún momento. Después de varios meses de debate, sus padres finalmente acordaron dejarla ir.

Su padre y su madre le enseñaron todo lo que sabían sobre el senderismo y cómo podía acampar y sobrevivir una persona sola en el bosque. Le hicieron una mochila de lona resistente, le ayudaron a empacar y, luego, todos se arrodillaron y oraron para que pudiera tener un viaje seguro. Al día siguiente, comenzó su caminata por las montañas.

Su primera noche sola fue aterradora pero logró encender una buena fogata, comió un poco de las salchichas y el queso que su padre le había empacado, se arropó con las suaves colchas que su madre le había hecho y se durmió. Los aullidos de los lobos la asustaron un poco pero mantuvo su fogata ardiendo intensamente la mayor parte de la noche, lo cual la hizo sentir más segura. Al día siguiente, la despertó la luz del sol, comió sus panecillos con mermelada mientras tomaba el sol sobre una gran roca de granito, para después comenzar a subir las montañas. En las últimas horas de la tarde, mientras el sol se deslizaba detrás de las cimas de las montañas, llegó a una bifurcación en el camino. No sabía qué senda tomar. Perpleja, se sentó y oró pidiendo sabiduría.

Unos momentos más tarde, escuchó ruidos aterradores provenientes de ambos caminos. Su corazón se aceleró y sus manos empezaron a sudar. De repente, aparecieron dos monstruos… uno en cada camino. Gruñeron, refunfuñaron y resoplaron. La pequeña niña agarró su mochila y comenzó a correr por la colina de regreso hacia su pueblo. Y, entonces, algo dentro de ella le dijo que se detuviera.

"Otras personas han caminado sobre estas montañas y han regresado para contarlo," pensó para sí misma. "Tal vez sea mejor que regrese y averigüe de qué se trata todo esto."

La pequeña niña se detuvo y dio la vuelta. Los monstruos se habían detenido justo en la bifurcación del camino y algo le dijo que estaban tratando de comunicarse con ella. Lenta y cuidadosamente, caminó hacia el lugar donde se encontraban los monstruos.

A medida que se acercaba, el monstruo que custodiaba el camino de la izquierda dijo: "Toma este camino. Es mucho más seguro y mucho más rápido. Toma este camino y verás a tus abuelos mañana en la noche."

En ese mismo momento, el monstruo que custodiaba el camino de la derecha comenzó a crujir y a hacer un horrible aullido espeluznante. Fuego salió de su boca; humo de su nariz. ¡La pequeña niña estaba aterrorizada!

¡Se echó a correr hacia el monstruo de la izquierda! A medida que ella se le acercaba, notó que no era tan feo e indudablemente no tan aterrador como el de la derecha. Cuanto más se acercaba al de la izquierda, más fuerte aullaba el de la derecha. Estaba tan confundida que no sabía qué hacer.

El monstruo de la izquierda habló con voz suave diciendo: "Confía en mí No soy tan feo como ese otro monstruo y no hago esos ruidos repugnantes." Con eso, el monstruo de la derecha gritó, gorgoteó, resopló y se infló aún más. La niña comenzó a tomar el camino hacia la izquierda, temerosa aún más de que, si no se apresuraba, el otro monstruo la perseguiría y la haría pedazos.

A unos cientos de metros por el camino de la izquierda, miró hacia atrás para ver si el otro monstruo la estaba persiguiendo. Todavía estaba de pie en la bifurcación del camino, gritando y aullando cada vez más. Pero no la estaba persiguiendo. Luego, ella se detuvo. El monstruo en el camino de la izquierda caminaba unos pasos por delante de ella y solo le sonrió condescendientemente, como diciendo: "No seas tonta."

Luego, algo dentro de ella le dijo que se devolviera y tomara el camino de la derecha. Cuanto más se acercaba a la bifurcación, más rápido corría hasta que, solo unos segundos después, ya estaba corriendo por el camino de la derecha, subiendo las montañas. Ella no sabía por qué había tomado esta decisión… solo siguió hacia adelante. Cuando el último destello del crepúsculo se desvió en la oscuridad de la noche, miró por la ladera de la montaña desde donde había venido. Observaba la bifurcación del camino y el sendero que tomó así como el que casi había tomado.

Luego escuchó un sonido atronador, retumbante y aplastante que provenía del lado izquierdo de la montaña. Esforzándose por ver en la creciente oscuridad, observó como una gran parte de la montaña se desprendía y se derrumbaba hacia el camino izquierdo de abajo. Toneladas de roca y tierra lo destruyeron, precisamente en el momento y lugar en que ella, si hubiera ido por ese camino, habría estado. Cayó al suelo y lloró, liberando toda la ansiedad y la tensión de las últimas horas.

Entonces, a solo unos metros frente a ella, apareció el monstruo feo que había estado cuidando el camino de la derecha y al cual había seguido. La niña levantó la vista y lo miró a los ojos. No aullaba ni gruñía en absoluto. Sus ojos parecían pacíficos y profundos, se habían convertido en una mirada compasiva. Su rostro se había suavizado. Sin saber por qué… ¡la niña saltó y besó al monstruo en la nariz! El monstruo se sonrojó y sonrió.

"Mi nombre es Miedo," dijo el monstruo, "y el nombre de ese otro es Destrucción. Si huyes de mí, sin escuchar lo que tengo que decir, podrías terminar sin oír algo que es importante para ti. Pero, si me escuchas bien y aprendes a ser mi amiga, entonces tendrás Sabiduría. En cuanto al monstruo que protege el camino de la izquierda, no importa cuán atractivo parezca en su exterior, nada bueno viene de la Destrucción."

La pequeña niña completó su viaje después de visitar a sus abuelos. A salvo en su propio pueblo, sus padres notaron algo muy diferente en ella. Ahora era una mujer joven que había aprendido a hacerse amiga de su Miedo en lugar de quedarse paralizada, o ser destruida por él.

Referencias y Bibliografía

Adams, K.M. (1987) **Sexual Addiction and Covert Incest.** *Focus on Chemically Dependent Families* (Adicción al Sexo e Incesto Encubierto. Enfoque en Familias Farmacodependientes) mayo/junio de 1987. Pompano Beach, Florida: Health Communications, Inc.

Alcoholics Anonymous World Services (1985). **Fifty Years With Gratitude** (Cincuenta Años de Gratitud) New York: Alcoholics Anonymous World Service, Inc. Bach, G. R. & Deutsch, R. M. (1970) Pairing (Emparejar). New York: Peter H. Wyden, Inc.

Black, C. (1981) **It Will Never Happen to Me!** (¡Nunca me pasará a mí!) Denver: M.A.C. Publishers.

Bowen, M. (1978). **Family Therapy in Clinical Practice** (Terapia Familiar en la Práctica Clínica) New York: Jason Aronsen.

Carnes, P. (1987) **Out of the Shadows** (Fuera de las Sombras) Minneapolis: Compcare.

Cermak, T. L. (1986) **Diagnosing and Treating Co-Dependence** (Diagnóstico y Tratamiento de la Codependencia). Minneapolis: Johnson Institute Books.

Cooper, K. H. (1970) **The New Aerobics** (Los Nuevos Aeróbicos) New York: M. Evans and Co.

DeMause, L. (1974) **The History of Childhood** (La Historia de la Infancia) New York: Psychohistory Press.

Erikson, E. H. (1963) **Childhood and Society** (La Infancia y la Sociedad) New York: W.W. Norton and Co.

Erikson, E. H. (1986) **Identity: Youth and Crisis** (Identidad: Juventud y Crisis) New York: W. W. Norton and Co., Inc.

Forward, S., & Torres, J. (1986) **Men Who Hate Women and the Women Who Love Them** (Los Hombres que Odian a las Mujeres y las Mujeres que los Aman) New York: Bantam Books.

Fossum, M. A., Sc Mason, M. J. (1986) **Facing Shame: Families In Recovery** (Enfrentando la Vergüenza. Familias en Recuperación) New York, W. W. Norton & Company, Inc.

Friel, J. C. (1982) **Paradoxical Dependency** (Dependencia Paradójica) St. Paul, Minnesota: Manuscrito Inédito.

__________. (1985) **Co-Dependency Assessment Inventory: A Preliminary**

Research Tool. *Focus on Family and Chemical Dependency* (Inventario Para Evaluar la Codependencia: Una Herramienta de Investigación Preliminar. Enfoque en la Familia y la Farmacodependencia) mayo/junio de 1985. Pompano Beach, Florida: Health Communications, Inc.

Friel, J. C., Subby, R. C., & Friel, L. D. (1985) **Co-Dependency and the Search for Identity: A Paradoxical Crisis** (La Codependencia y la Búsqueda de Identidad: Una Crisis Paradójica) Pompano Beach, FL: Health Communications, Inc.

Friel, J. C. & Friel, L. D. (1986). **Life on My Own Terms: Stress Addiction Recovery Guide** (La Vida en Mis Propios Términos: Guía Para la Recuperación de la Adicción al Estrés) Pompano Beach, FL: Health Communications, Inc. Fry, R. (1987) Personal Communication (Comunicación Personal)

Gould, R. L. (1978) **Transformations: Growth and Change in Adult Life** (Transformaciones: Crecimiento y Cambio en la Vida Adulta) New York, Simon & Schuster, Inc.

Kaufman, G. (1980) **Shame: The Power of Caring** (La Vergüenza. El Poder del Cuidado) Cambridge, MA Schenkman Publishing Company

Kellogg, T. (1986) **Return to Intimacy: Part One** (Regreso a la Intimidad: Primera Parte) Excelsior, MN: Serie de casetes de audio por Terry Kellogg

Kohn, A. (1987) **Shattered Innocence** (La Inocencia Destrozada) *Psychology Today*, Febrero, 1987: American Psychological Association

Levinson, D. J. (1978) **The Seasons of a Man's Life** (Las Estaciones de la Vida de un Hombre) New York: Alfred A. Knopf, Inc.

McGoldrick, M., & Gersen, R. (1985) **Genograms in Family Assessment** (Genogramas Para la Evaluación Familiar) New York: W. W. Norton & Company.

Miller, A. (1983) **For Your Own Good: Hidden Cruelty in Child-Rearing and the Roots of Violence** (Por su Propio Bien: Crueldad Oculta en la Crianza de los Hijos y las Raíces de la Violencia) New York: Farrar, Strauss & Giroux.

Miller, A. (1984). **Thou Shalt Not Be Aware: Society's Betrayal of the Child** (No Estarás Consciente: Traición del Niño Por Parte de la Sociedad) New York, Farrar, Strauss & Giroux.

Minuchin, S. (1974) **Families and Family Therapy** (Las Familias y la Terapia Familiar) Cambridge, MA: Harvard University Press.

Norwood, R. (1985) **Women Who Love Too Much: When You Keep Wishing and Hoping He'll Change** (Mujeres Que Aman Demasiado: Cuando Sigues Deseando y Esperando que Él Cambie) Los Angeles: Jeremy P. Tarcher.

Peck, M. S. (1978) **The Road Less Traveled: A New Psychology of Love, Traditional Values and Spiritual Growth** (El Camino Menos Transitado: Una Nueva Psicología del Amor, los Valores Tradicionales y el Crecimiento Espiritual) New York: Simon & Schuster.

Rogers, C. (1973). **Becoming Partners: Marriage and Its Alternatives** (Convertirse en Pareja. El Matrimonio y Sus Alternativas) New York: Delta Books.

Satir, V. (1967) **Conjoint Family Therapy** (Terapia Familiar Conjunta) Palo Alto, Ca.: Science and Behavior Books (Libros de Ciencias y el Comportamiento).

Sheehy, G. (1974) **Passages: Predictable Crises of Adult Life** (Textos: Crisis Predecibles de la Vida Adulta) New York, E. P. Dutton.

Subby, R. C., 8c Friel, J. C. (1984) **Co-Dependency and Family Rules:**

A Paradoxical Dependency (Codependencia y Normas Familiares: Una Dependencia Paradójica) Pompano Beach, Florida: Health Communications, Inc.

Subby, R. C. (1987) **Lost In the Shuffle: The Co-Dependent Reality** (*Perdidos al Barajar: La Realidad Codependiente*) Pompano Beach, FL: Health Communications, Inc.

Turner, J. S. &. Helms, D. D. (1987) **Lifespan Development** (Desarrollo de la Vida Útil) (Tercer Edición). New York: Holt, Rinehart, 8c Winston

Wegscheider, S. (1981) **Another Chance: Hope and Help for the Alcoholic Family** (Otra Oportunidad: Esperanza y Ayuda Para la Familia Alcohólica) Palo Alto, CA: Science and Behavior Books (Libros de Ciencias y el Comportamiento)

Wholey, D. (1984) **The Courage To Change** (Valentía Para Cambiar) Boston: Houghton Mifflin.

Woititz, J. G. (1983) **Adult Children of Alcoholics** (Niños Adultos de Alcohólicos) Pompano Beach, FL: Health Communications, Inc.

Woititz, J. G. (1985) **Struggle for Intimacy** (Lucha Por La Intimidad) Pompano Beach, FL: Health Communications, Inc.

Apéndice

Los 12-Pasos y otros grupos anónimos

Parece que no pasa un mes sin que se abra otro Grupo de 12 Pasos o se inicie otro Grupo Anónimo en algún lugar del país. Una vez que asista a una reunión de un Grupo Anónimo, usted se convertirá en parte de una red de literalmente millones de personas que buscan su propia recuperación y que podrán darle información sobre otros Grupos Anónimos que se reúnen en su área.

Estos son grupos gratuitos de autoayuda. La mayoría de ellos siguen programas basados en los 12 Pasos originales de Alcohólicos Anónimos. No se le exige que hable durante estos grupos, a menos que elija hacerlo, aparte de dar su nombre. Conocemos a muchas personas que han asistido a estos grupos de tres a seis meses antes que se sintieran cómodos para hablar. El hecho de estar presente es participar en el grupo. Si tiene miedo de asistir sol(a)o a su primera reunión, como nos ha ocurrido a muchos de nosotros, puede ponerse en contacto con el grupo telefónicamente y alguien le acompañará con mucho gusto.

Para encontrar un grupo en su área, lo primero que debe hacer es buscar en Google o algún otro servicio a Inter-grupos de Alcohólicos Anónimos o Servicios de Información de Alcohólicos Anónimos. Los enlaces a continuación son muestras de cómo puede usted localizar grupos que hablen en español cerca de donde usted vive… en EUA, Canadá o en muchas ciudades del mundo. ¡Haga la prueba con uno o los 3 enlaces!

Si prefiere que el grupo hable inglés, escriba "Alcoholics Anonymous Intergroup" o "Alcoholics Anonymous Information Services" en el espacio que dice "Search Google…" La mayoría de las ciudades en los Estados Unidos tienen páginas de información para diferentes grupos, lugares, días y horas de las reuniones así como números de las oficinas de A.A. Si llama a esos números, alguien le responderá las preguntas que tenga sobre los horarios y lugares de las reuniones, dónde puede obtener ayuda inmediata y otra información.

Lo mismo es cierto para los grupos de Al-Anon (Al-Anón), Overeaters Anonymous (Comedores Compulsivos Anónimos) y muchos otros grupos. Para obtener información sobre algunos de los grupos más nuevos, es posible que tenga que comunicarse con su Centro de Salud Mental local o con alguna clínica que se especialice en sistemas familiares, adicciones, codependencia o Niños Adultos. Los hospitales también suelen ser buenos recursos porque muchos de ellos ahora tienen programas de tratamiento de fármaco-dependencia.

ENLACES MUESTRA:

https://www.google.com/search?q=Servicios+de+Informaci%C3%B3n+de+Alcoh%C3%B3licos+An%C3%B3nimos&rlz=1C1GGRV_enUS751US751&oq=Servicios+de+Informaci%C3%B3n+de+Alcoh%C3%B3licos+An%C3%B3nimos&aqs=chrome.0.69i59j0i22i30.2536j0j15&sourceid=chrome&ie=UTF-8

https://al-anon.org/es/reuniones-de-al-anon/reuniones-electronicas/

https://www.aa.org/es/find-aa/world?cc=US

Sobre los Autores

John and Linda Friel son psicólogos con licencia para practicar consultas privadas en Minneapolis y St. Paul, Minnesota, E.U.A. John también da consultas en las ciudades de Reno y Tahoe, Nevada, E.U.A. Ambos son reconocidos mundialmente por su trabajo innovador en sistemas familiares, familias disfuncionales, ayuda para adultos en la solución y reparación de patrones dolorosos durante la niñez, y en adicciones. A principios de la década de 1980, fueron parte del grupo de pioneros en la teoría de la codependencia, desarrollaron el primer examen válido para medir la misma, y el primer modelo conceptual que ligaba la codependencia a la teoría generalmente aceptada sobre desarrollo psicológico. Su modelo llamado "Iceberg" (témpano de hielo) en la codependencia ha sido citado y usado alrededor del mundo. Tanto ese examen como ese modelo son descritos en este libro. El sitio de los autores es: www.clearlife.com

9 798988 175704